Ampère

François Arago

1854

AMPÈRE

BIOGRAPHIE LUE PAR EXTRAITS EN SÉANCE PUBLIQUE DE L'ACADÉMIE
DES SCIENCES, LE 21 AOUT 1839.

Messieurs, je dois aujourd'hui, conformément à un article des règlements académiques dont la date remonte à 1666, et qui, dans un si long intervalle de temps, a toujours été fidèlement exécuté, dérouler devant vous les travaux d'un de nos plus illustres confrères, et jeter un coup d'œil sur sa vie.

Ces Notices biographiques n'ont pas toujours conservé le même caractère.

Devant les auditeurs du XVIIe siècle, Fontenelle lui-même, l'ingénieux Fontenelle, osait si peu se livrer à des développements techniques, que, dans ses œuvres, l'Éloge de Newton occupe seulement une trentaine de pages in-8°. Ouvrez ce chef-d'œuvre de délicatesse, de grâce, d'atticisme, vous y verrez le célèbre Traité d'Optique caractérisé en quelques lignes. Quant à l'Arithmétique universelle, le titre ne s'y trouve même pas.

À mesure que les sciences faisaient des progrès, l'ancien cadre des Éloges académiques devait s'élargir, et il s'est, en effet, graduellement élargi. Arrivés, enfin, à une époque où la foule se porte aux excellentes leçons de sciences mathématiques ou de sciences naturelles dont nos vastes amphithéâtres retentissent journellement, les secrétaires de l'Académie ont dû croire qu'il était temps de s'affranchir des sacrifices que s'imposaient leurs illustres prédécesseurs ; que, désormais, on pourrait ici, en séance publique, parler des travaux de nos confrères, comme le feront un jour les historiens de la science. Cette voie nouvelle a déjà reçu plusieurs fois votre bienveillante approbation. L'idée d'y renoncer ne s'était pas même présentée à mon esprit ; et cependant, avec un peu de prévoyance, quand M. Ampère nous fut enlevé, j'aurais dû songer qu'il ne me serait pas possible d'examiner ses travaux, de faire l'analyse d'une véritable encyclopédie, sans sortir des bornes habituelles de nos Éloges. Je l'avouerai, une liaison intime, une liaison sans nuages de plus de trente années, a pu aussi contribuer à étendre cette biographie, à me faire attacher de l'importance à certains détails qu'un indifférent aurait délaissés. Sur ce point, Messieurs, si une excuse devient nécessaire, je la trouverai dans le vers par lequel un grand poëte a défini l'amitié :

Seul mouvement de l'âme où l'excès soit permis.

1. ↥ Œuvre posthume.

ENFANCE D'AMPÈRE. — SA MÉMOIRE EXTRAORDINAIRE. — SES FACULTÉS PRÉCOCES. — SES LECTURES DE PRÉDILECTION. — IL ÉCRIT SUR LA LANGUE PRIMITIVE.

André-Marie Ampère naquit à Lyon, sur la paroisse de Saint-Nizier, le 22 janvier 1775, de Jean-Jacques Ampère, négociant, et de Jeanne-Antoinette Sarcey de Sutières.

Jean-Jacques Ampère était instruit et fort estimé. Sa femme avait, elle aussi, conquis l'affection générale par une inaltérable douceur de caractère, par une bienfaisance qui cherchait avec avidité les occasions de s'exercer. Peu de temps après la naissance de leur fils, M. et Mme Ampère quittèrent le commerce et se retirèrent dans une petite propriété située à Poleymieux-lez-Mont-d'Or, près de Lyon. Ainsi, c'est à Poleymieux, dans un obscur village, sans les excitations d'aucun maître, que commencèrent à poindre, je me trompe, que surgirent les hautes facultés intellectuelles dont j'ai à dérouler devant vous les brillantes phases.

La faculté qui, chez Ampère, se développa la première, fut celle du calcul arithmétique. Avant même de connaître les chiffres et de savoir les tracer, il faisait de longues opérations, à l'aide d'un nombre très-borné de petits cailloux ou de haricots. Peut-être était-il déjà sur la voie des ingénieuses méthodes des Hindoux ; peut-être ses cailloux se combinaient-ils entre eux comme les grains enfilés sur plusieurs lignes parallèles, que les Bracmanes mathématiciens de Pondichéry, de Calcutta ou de Bénarès, manient avec tant de rapidité, de précision, de sûreté. À mesure que nous avancerons dans la vie d'Ampère, cette supposition perdra graduellement de son apparente hardiesse. Maintenant, s'il me faut montrer à quel point extraordinaire l'amour du calcul s'était emparé du jeune écolier, je dirai que la tendresse maternelle l'ayant privé, pendant une grave maladie, de ses chers petits cailloux, il y suppléa avec les morceaux d'un biscuit qui lui avait été accordé après trois jours d'une diète absolue. Je n'insisterai pas davantage sur cette anecdote. Je suis loin, en effet, de la présenter comme un indice incontestable de la future vocation d'Ampère. Je sais qu'il est des enfants dont rien ne peut surmonter l'apathie, et que d'autres, au contraire, s'intéressent à tout, s'amusent de tout, même d'opérations arithmétiques sans but. Se récrie-t-on sur cette dernière circonstance ; quelqu'un s'avise-t-il de la taxer d'exagération, de placer les calculs numériques au nombre de ces choses dont le besoin, le devoir, peuvent seuls faire surmonter le dégoût ; ma réponse est toute prête : je citerai, non de simples écoliers, mais un savant distingué à qui je témoignais un jour ma surprise de le voir, en pleine séance académique, entreprendre la multiplication de deux énormes lignes de chiffres pris au hasard : « Vous oubliez, me répondit-il sur-le-champ, vous oubliez le plaisir que je trouverai tout à l'heure à faire la preuve de ce calcul par la division. »

Le jeune Ampère sut bientôt lire et dévora tous les livres qui lui tombaient sous la main. L'histoire, les voyages, la poésie, les romans, la philosophie, l'intéressaient, presque à un égal degré. S'il marquait quelque prédilection, c'était pour Homère, Lucain, le Tasse, Fénelon, Corneille, Voltaire, et pour Thomas, qu'on sera peut-être étonné, malgré son incontestable talent, de trouver en si brillante compagnie. La principale lecture du jeune écolier de Poleymieux fut l'*Encyclopédie*, par ordre alphabétique en vingt volumes in-folio. Chacun de ces vingt volumes eut séparément son tour : le second après le premier, le troisième après le second, et ainsi de suite, sans jamais interrompre l'ordre arithmétique.

La nature avait doué Ampère, à un degré éminent, de la faculté dont Platon n'a rien dit de trop en l'appelant *une grande et puissante déesse*. Aussi, l'ouvrage colossal se grava-t-il tout entier et profondément dans l'esprit de notre ami ; aussi, chacun de nous a-t-il pu voir le membre de l'Académie des sciences, déjà parvenu à un âge assez avancé, citer, avec une parfaite exactitude, jusqu'à de longs passages de l'*Encyclopédie*, relatifs au *blason*, à la *fauconnerie*, etc., qui, un demi-siècle auparavant, avaient passé sous ses yeux au milieu des rochers de Poleymieux. Ces mystères d'une prodigieuse mémoire m'étonnent mille fois moins cependant que la force, unie à la flexibilité, que suppose une intelligence capable de s'assimiler, sans confusion et d'après une lecture par ordre alphabétique, les matières si étonnamment variées qui figurent dans le grand Dictionnaire de d'Alembert et de Diderot. Que l'on consente à parcourir avec moi les premières pages de l'*Encyclopédie :* je dis les premières pages, car je veux bien ne pas choisir, et mon admiration n'aura plus rien alors que de très-naturel.

Dès le début, *à*, préposition, met le lecteur aux prises avec de délicates considérations grammaticales ; *ab* le transporte dans le calendrier des Hébreux ; *abadir*, au milieu de l'histoire mythologique de Cybèle et de Saturne. Le même mot *abaissement* le jette tour à tour dans l'algèbre, à l'occasion de la réduction du degré des équations ; dans un des problèmes les plus difficiles de la géodésie et de l'art nautique, quand il s'agit de l'abaissement de l'horizon de la mer ; dans le blason, si abaissement désigne les signes particuliers qui étaient ajoutés quelquefois aux armes des familles pour en diminuer la valeur et la dignité. Tournez la page, et l'article *abbé* vous initie à la discipline ecclésiastique dans ce qu'elle avait de plus variable, de plus capricieux. Au mot suivant, *abcès*, vous êtes en pleine chirurgie. À la description de l'organisation anatomique des *abeilles*, de leur mode de nourriture et de reproduction, de leurs mœurs, de l'organisation hiérarchique de l'essaim, succède, à peu près sans intermédiaire, l'explication de l'immortelle et subtile découverte de Bradley : de ces mouvements annuels des étoiles qui, sous le nom *d'aberration*, ont démontré que la terre est une planète. Quelques lignes plus loin, vous tombez dans *l'abîme* de la cosmogonie. *Abracadabra* vous plonge, enfin, dans la magie !

Voilà pourtant le genre de lecture que subit, je me trompe, que s'imposa un enfant de treize à quatorze ans, sans en être accablé ! J'aurai plus d'un exemple à citer de la force de tête d'Ampère. Aucun, cependant, n'égalera celui que je viens de soumettre à vos réflexions.

Dès que la modeste bibliothèque d'un négociant retiré ne suffit plus au jeune écolier, son père le conduisit, de temps en temps, à Lyon, où il allait consulter les livres les plus rares, entre autres les œuvres de Bernoulli et d'Euler. Lorsque l'enfant chétif, délicat, adressa pour la première fois sa demande au bibliothécaire de la ville : « Les œuvres d'Euler et de Bernoulli ! s'écria cet excellent M. Daburon, que vous avez tous connu. Y pensez-vous bien, mon petit ami ? Ces ouvrages figurent au nombre des plus difficiles que l'intelligence humaine ait jamais produits ! — J'espère, néanmoins, être en état de les comprendre, repartit l'enfant. — Vous savez, sans doute, qu'ils sont écrits en latin, ajouta le bibliothécaire ? » Cette révélation atterra un moment notre jeune et futur confrère : il n'avait pas encore étudié la langue latine. Je n'ai, sans doute, nul besoin d'ajouter qu'au bout de peu de semaines, l'obstacle avait entièrement disparu.

Ce qu'Ampère cherchait surtout, même dans ses premières lectures, c'étaient des questions à approfondir, des problèmes à résoudre.

Le mot *'langue* du ixe volume de *l'Encyclopédie*, le transporte, sur les rives de l'Euphrate, à la Tour de Babel, de biblique célébrité. Il y trouve les hommes parlant tous le même idiome. Un miracle, raconté par Moïse, engendre subitement *la confusion*. Chaque peuplade a, dès lors, une langue distincte. Ces langues se mêlent, se corrompent, et perdent peu à peu les caractères de simplicité, de régularité, de grandeur qui distinguaient leur souche commune. Découvrir cette souche, ou du moins la reconstituer avec ses anciens attributs, était un problème assurément très-difficile. Le jeune écolier ne le trouva pas au-dessus de ses forces.

De grands philosophes s'en étaient déjà occupés. Pour tracer une histoire complète de leurs tentatives, nous aurions à remonter jusqu'à ce roi d'Égypte qui, s'il faut en croire Hérodote, fit élever deux enfants dans l'isolement le plus absolu, leur donna une chèvre pour nourrice, eut ensuite la bonhomie de s'étonner que ces enfants bêlassent, que le mot plus ou moins distinct *bêcos* sortît de leur bouche, et, d'après cela, reconnut aux Phrygiens, dont la langue renfermait le mot *beck* (pain), le droit de se qualifier le plus ancien peuple du monde.

Parmi les philosophes modernes qui se sont occupés de la langue primitive, des moyens de la reconstituer, Descartes et Leibnitz occupent incontestablement les premières places. Le problème, tel que ces hommes de génie l'envisagèrent, n'était pas, ne pouvait pas être seulement d'améliorer les qualités musicales des langues modernes, de simplifier leur grammaire, d'en bannir toute irrégularité, toute exception. Ils le faisaient consister, surtout, dans une sorte d'analyse de l'esprit humain, dans la classification des idées, dans le dénombrement exact et complet de celles qui doivent être considérées comme élémentaires. Au moyen d'une langue fondée sur ces bases, « les paysans, dit Descartes, pourraient mieux juger de la vérité des choses que ne font maintenant les philosophes. » Leibnitz exprimait la même idée en d'autres termes, quand il écrivait que « la langue universelle ajouterait à la puissance du raisonnement, plus que le télescope n'ajoute à la puissance de l'œil, plus que l'aiguille aimantée n'a ajouté aux progrès de la navigation. »

Personne n'oserait, sans doute, affirmer que le jeune Ampère envisagea la question de la langue universelle, avec la même généralité, la même profondeur que Descartes et Leibnitz ; mais on peut, du moins, remarquer qu'il n'en renvoya pas la solution, comme le premier de ces immortels philosophes, *au pays des romans*. Il ne se borna pas non plus, à l'exemple du second, à disserter sur les merveilleuses propriétés du futur instrument : cet instrument, il le créa ! Plusieurs des amis lyonnais d'Ampère ont tenu dans leurs mains une grammaire et un dictionnaire, fruits d'une infatigable persévérance, et qui renfermaient déjà le code à peu près achevé de la nouvelle langue ; plusieurs l'entendirent réciter des fragments d'un poëme, composés dans cette langue nouvelle, et rendent témoignage de son harmonie, la seule chose, à vrai dire, dont ils pussent juger, puisque le sens des mots leur était inconnu. Qui, d'ailleurs, parmi nous, ne se rappelle la joie qu'éprouva notre confrère, le jour où, en parcourant l'ouvrage d'un voyageur moderne, il découvrit, dans le vocabulaire de certaine peuplade africaine, diverses combinaisons auxquelles il s'était lui-même arrêté ? Qui ne remarqua aussi qu'un motif tout pareil fut le principal mobile de la vive admiration d'Ampère pour le *sanscrit* ?

Un travail parvenu à ce degré d'avancement ne doit pas être condamné à l'oubli. La réalisation par Ampère d'une pensée de Descartes et de Leibnitz, intéressera toujours et au plus haut degré les philosophes et les philologues. Les manuscrits de notre confrère sont, heureusement, dans des mains éminemment capables d'en faire jaillir tout ce qui pourra contribuer à l'avancement des sciences et des lettres.

À l'époque d'un de ses plus violents paroxysmes, en 1793, la tempête révolutionnaire pénétra jusque dans les montagnes de Poleymieux. Jean-Jacques Ampère s'en alarma. Pour échapper à un danger que ses sentiments d'époux et de père avaient peut-être grossi outre mesure, il eut la fatale pensée de quitter la campagne, de se réfugier à Lyon et d'y accepter les fonctions de juge de paix.

Vous savez, Messieurs, qu'après le siége de cette ville, Collot-d'Herbois et Fouché y établirent, sous le nom malheureusement spécieux de représailles, d'exécrables massacres quotidiens. Jean-Jacques Ampère fut une de leurs nombreuses victimes, moins encore comme juge d'instruction pendant le procès de Chalier, qu'à raison de la qualification banale d'aristocrate dont l'affubla, dans son mandat d'arrêt, un homme qui, peu d'années après, devait avoir, sur les panneaux de son carrosse, des armoiries brillantes, et signer du titre de *duc* les trames qu'il ourdissait contre son pays et contre son bienfaiteur.

Le jour où il monta sur l'échafaud, Jean-Jacques Ampère écrivit à sa femme une lettre sublime de simplicité, de résignation, de sensibilité courageuse. On y lisait ces paroles : « Ne parle pas à Joséphine (c'était le nom de sa fille) du malheur de son père ; fais en sorte qu'elle l'ignore. Quant à mon fils, *il n'y a rien que je n'attende de lui.* »

Hélas ! la victime se faisait illusion. Le coup était trop rude ; il dépassait les forces d'un jeune homme de dix-huit ans : Ampère en fut terrassé. Ses facultés intellectuelles, si actives, si ardentes, si développées, firent subitement place à un véritable idiotisme. Ses journées, il les passait à contempler machinalement le ciel et la terre, ou à faire de petits tas de sable. Si des amis, inquiets sur un dépérissement rapide dont les conséquences semblaient devoir être fatales et prochaines, entraînaient le pauvre jeune homme dans les bois voisins de Poleymieux, « il était (je transcris ici les propres expressions de notre confrère), il était un témoin muet, un visiteur sans yeux et sans pensée. »

Cet assoupissement de tout sentiment moral et intellectuel durait depuis plus d'une année, lorsque les lettres de J.-J. Rousseau, sur la botanique, tombèrent dans les mains d'Ampère. Le langage limpide, harmonieux de cet ouvrage, pénétra l'âme du jeune malade et lui redonna quelque nerf, comme les rayons du soleil levant percent les épais brouillards du matin, et portent la vie dans le sein des plantes que le froid de la nuit avait engourdies. À la même époque, un volume, ouvert par hasard, offrit aux regards d'Ampère quelques vers de l'ode d'Horace à Licinius. Ces vers, notre ami ne les comprenait pas, lui qui précédemment avait appris du latin tout juste ce qu'il fallait pour lire des mémoires de mathématiques ; mais leur cadence le charma. Dès ce moment, par une rare exception au principe du moraliste, qui déclarait le cœur humain inhabile à nourrir à la fois plus d'une vive passion, Ampère se livra, avec une ardeur infinie, à l'étude simultanée des plantes et des poëtes du siècle d'Auguste. Un volume du *Corpus poetarum latinorum* l'accompagnait dans ses herborisations, tout aussi bien que l'ouvrage de Linné. Les prés, les collines de Poleymieux, retentissaient journellement de quelque tirade d'Horace, de Virgile, de Lucrèce, de Lucain surtout, entre les dissections minutieuses d'une corolle ou d'un fruit. La *quantité* des mots latins devint si familière à notre Ampère que, quarante ans après, il composa *cent cinquante-huit* vers techniques, en chaise de poste, pendant une tournée d'inspection universitaire et sans jamais recourir au *Gradus*.

Les connaissances botaniques qu'il puisa dans ces études solitaires, n'avaient été ni moins profondes, ni moins durables. J'aurai le bonheur de pouvoir invoquer, sur ce point, un témoignage imposant, irrécusable : celui de notre confrère, M. Auguste de Saint-Hilaire.

Le genre *Begonia* est du nombre de ceux que l'illustre de Jussieu avait réunis sous le titre de *incertæ sedis*, parce qu'il n'était pas parvenu à en découvrir les rapports naturels. En arrivant au Brésil, où l'on trouve une assez grande quantité d'espèces de ce genre, M. de Saint-Hilaire les étudia avec le soin scrupuleux qui donne tant de prix à tous ses travaux, et reconnut leurs véritables affinités. Quelque temps après son retour en France, M. de Saint-Hilaire rencontra, dans le monde, M. Ampère qui, après les politesses d'usage, lui parla en ces termes : « J'ai été hier dans un jardin où se trouve un pied de begonia. Je me suis amusé à le regarder. De quelle famille rapprocheriez-vous ce genre ? — Puisque vous l'avez observé, répondit M. de Saint-Hilaire, vous me permettrez de vous demander ce que vous en pensez vous-même. — J'en ferais un groupe voisin des *onagraires*, repartit M. Ampère. » C'était précisément l'idée qu'un examen approfondi, exécuté dans les lieux où la plante végète naturellement en plein air, avait suggérée à M. de Saint-Hilaire. Nos deux confrères firent la faute de ne donner aucune publicité à la solution d'un problème dont l'hésitation de Jussieu montrait assez la difficulté. C'est dix ans plus tard que, d'après ses propres recherches, Lindley assigna au genre Begonia la place qu'il doit réellement occuper : cette place, qu'Ampère et M. Auguste Saint-Hilaire aperçurent les premiers.

N'êtes-vous pas étonnés, Messieurs, de trouver le nom d'un géomètre associé ainsi à celui d'illustres botanistes ?

Avant la catastrophe sanglante de Lyon, Ampère, âgé alors de dix-huit ans, faisant un examen attentif de sa vie passée, n'y voyait encore, disait-il, que trois points culminants, que trois circonstances dont l'influence sur son avenir dût être importante et décisive : c'était la première communion ; la lecture de l'Éloge de Descartes par

Thomas ; c'était, enfin, je prévois votre étonnement, la prise de la Bastille !

De la première communion datait, chez notre confrère, l'existence réfléchie du sentiment religieux ; de la lecture de l'Éloge de Descartes, le goût, disons mieux, l'enthousiasme dont il fut toujours animé pour les études mathématiques, physiques et philosophiques ; de la prise de la Bastille, l'épanouissement de son âme, aux doux noms de liberté, de dignité humaine, de philanthropie. La mort terrible qui enleva un chef vénéré à l'excellente famille de Poleymieux put bien, un moment, opprimer toutes les facultés de notre confrère ; mais elle ne changea rien à ses convictions. Au moment du réveil, il se retrouva dévoué d'esprit et de cœur à la cause de la civilisation. Ampère rejeta bien loin la pensée que les fureurs de quelques énergumènes, que les crimes dont il avait si cruellement souffert, dussent arrêter la marche progressive du monde.

L'écolier de Poleymieux mit en action, dès sa plus tendre jeunesse, la féconde intelligence dont la nature l'avait doté. Il n'en fut pas de même de ses sens. Ces puissants instruments de plaisir et d'étude, Ampère les connut beaucoup plus tard, du moins dans toute leur étendue ; et, par une sorte de révélation subite qui, à raison de cette circonstance, ne semble pas indigne de prendre place à côté de l'histoire que Chesselden traça jadis, d'un aveugle de naissance opéré de la cataracte.

Ampère était très-myope. Les objets, même peu éloignés, ne s'offraient à ses yeux que par masses à moitié confondues et sans contours définis. Il ne se faisait aucune idée du plaisir qu'à diverses époques des centaines de personnes avaient manifesté devant lui, en descendant la Saône, entre Laneuville et Lyon. Un jour, il se trouva, par hasard, sur le coche, un voyageur d'un myopisme pareil à celui d'Ampère. Ses lunettes étaient du numéro que notre ami eût choisi chez un opticien. Il en essaya, et, tout à coup, la nature s'offrit à lui sous un aspect inattendu, et les mots : campagnes riantes, pittoresques ; collines gracieuses, doucement ondulées ; tons riches, chauds, harmonieusement nuancés, parlèrent pour la première fois à son imagination, et un torrent de larmes témoigna de l'émotion qu'il éprouvait. Notre confrère avait alors dix-huit ans. Depuis cette époque, Ampère se montra toujours très-sensible aux beautés de la nature. J'ai même appris qu'en 1812, dans un voyage sur les frontières méditerranéennes de l'Italie, la vue d'un site qu'on aperçoit de certains points de la célèbre Corniche de la rivière de Gênes, jeta notre ami dans une telle admiration, dans une telle extase, qu'il se sentit saisi du désir le plus violent de mourir à l'instant même, en présence de ce tableau sublime. S'il fallait montrer combien de telles impressions étaient profondes, à quel point Ampère savait les jeter au milieu des scènes vulgaires qu'il voulait embellir, j'en trouverais la plus singulière preuve dans une lettre du 24 janvier 1819.

À cette époque, notre ami habitait, depuis peu, la modeste maison qu'il avait achetée au coin de la rue des Fossés-Saint-Victor et de la rue des Boulangers. Le jardin, plus modeste encore, formé de quelques dizaines de mètres superficiels d'un terrain infertile, venait d'être bêché. A certain escalier avait succédé un sillon rapide et sinueux dont les bords supportaient deux ou trois planches étroites placées au-dessus de la partie la plus profonde. Le tout se trouvait entouré de murs extrêmement élevés. Mais, va-t-on s'écrier, vous venez de décrire le préau humide et sombre d'une prison ! Non, Messieurs, je viens de tracer le plan et l'aspect du jardin où Ampère, au milieu de janvier, dans la rue des Boulangers, rêvait déjà, j'ai presque dit voyait, de frais gazons, des arbres resplendissants de verdure, des bouquets de fleurs brillantes et embaumées, des touffes d'arbrisseaux au milieu desquelles on devait lire avec délices les longues lettres des amis lyonnais ; où *le pont jeté sur la vallée* formerait un pittoresque point de vue !

Pardonnez-moi, Messieurs, d'avoir anticipé sur l'ordre des temps ; de m'être empressé de recueillir dans la vie de notre confrère la seule circonstance, peut-être, où son imagination n'ait pas été pour lui une source de chagrins.

Ce n'est pas seulement aux émotions douces, grandioses, sublimes, dont la vue de certaines contrées et des pays de montagne saisit la plupart des hommes, qu'Ampère fut initié tard et subitement. C'est aussi *tout à coup* que le sens musical se développa chez lui.

Dans sa jeunesse, Ampère donna une très-sérieuse attention à l'acoustique. Il se complaisait à étudier la manière dont les ondulations aériennes naissent et se propagent ; les formes diverses que prend une corde en vibration ; les curieux changements périodiques d'intensité qu'on a désignés sous le nom de battements, etc., etc. Quant à la musique proprement dite, c'était pour lui lettre close.

Le jour vint, cependant, où certaines combinaisons de notes devaient être pour Ampère autre chose que le sujet d'un problème mathématique ; autre chose aussi que le tintement monotone des cloches.

Il atteignait déjà sa trentième année, et assistait, en compagnie de plusieurs de ses amis, à un concert où, dans le principe, on exécuta exclusivement des morceaux de la musique profonde, énergique, expressive de Gluck. Le malaise d'Ampère était visible pour tout le monde : il bâillait, se tordait, se levait, marchait, s'arrêtait, marchait encore sans but et sans suite. De temps en temps (chez lui c'était le dernier terme d'une impatience nerveuse), il allait enchâsser sa figure dans l'un des angles du salon, en tournant le dos à la compagnie. Enfin, l'ennui, ce terrible ennemi, que le savant académicien ne sut jamais maîtriser, faute, disait-il, d'avoir été à l'école dans sa jeunesse, sortait à nu par tous ses pores ! Eh bien, à la musique étudiée du célèbre compositeur allemand, succédèrent inopinément des mélodies simples, douces, et notre confrère se trouva transporté dans un nouveau monde ; et son émotion se trahit encore par d'abondantes larmes : la fibre qui unissait l'oreille et le cœur d'Ampère venait d'être découverte et de vibrer pour la première fois.

Les années ne changèrent rien à cette disposition singulière. Toute sa vie, Ampère montra le même goût pour les chants simples, naïfs ; la même antipathie pour la musique savante, bruyante, tourmentée. Serait-il donc vrai que dans l'art admirable des Mozart, des Chérubini, des Berton, des Aubert, des Rossini, des Meyerbeer, on n'eût pas de règles absolues pour distinguer le très-bon du très-mauvais ; le beau du hideux ? En tout cas, que l'exemple du savant académicien nous rende indulgent envers les athlètes de la guerre acharnée des gluckistes et des piccinistes, dont nos pères furent témoins ; qu'elle nous fasse même pardonner le mot fameux de Fontenelle : *Sonate, que me veux-tu ?*

On vient de le voir ; relativement aux beaux-arts, Ampère fut à peu près aveugle jusqu'à dix-huit ans, à peu près sourd jusqu'à trente. C'est dans un âge intermédiaire, c'est-à-dire à vingt-un ans, que son cœur s'ouvrit tout à coup à l'amour. Ampère, qui écrivait si peu, a laissé des cahiers où, sous le titre : *Amorum*, il consigna, jour par jour, l'histoire touchante, naïve, vraiment admirable de ses sentiments.

En tête du premier cahier, on lit ces paroles : « Un jour que je me promenais après le coucher du soleil, le long d'un ruisseau solitaire… » La phrase est restée inachevée. Je la compléterai à l'aide des souvenirs de quelques amis d'enfance du savant académicien :

Le jour était le 10 août 1796 ;

Le ruisseau solitaire coulait non loin du petit village de Saint-Germain, à quelque distance de Poleymieux.

Ampère herborisait. Ses yeux, en parfaite condition pour bien voir depuis l'aventure du coche de la Saône, ne restaient pas si exclusivement attachés aux pistils, aux étamines, aux nervures des feuilles, qu'ils ne lui montrassent à quelque distance deux jeunes et jolies demoiselles, au maintien modeste, qui cueillaient des fleurs dans une vaste prairie. Cette rencontre décida du sort de notre confrère. Jusque-là, l'idée de mariage ne s'était pas même offerte à son esprit. Vous croyez peut-être qu'elle va s'y infiltrer doucement ; qu'elle y germera peu à peu ? Ce n'est pas ainsi que procèdent les imaginations romanesques : Ampère se fut marié le jour même, le 10 août 1789. La femme de son choix, la seule qu'il eût acceptée, était une de ces deux jeunes filles qu'il apercevait au loin, dont il ne connaissait pas la famille, dont il ignorait le nom, dont la voix n'avait jamais frappé son oreille. Les choses ne marchèrent pas avec cette rapidité. Ce fut trois ans après seulement que la jeune personne du ruisseau solitaire et de la prairie, que mademoiselle Julie Carron devint madame Ampère.

Ampère était sans fortune. Avant de lui donner leur fille, les parents de mademoiselle Carron exigèrent prudemment qu'il songeât aux charges que le mariage lui imposerait, ou, comme on dit vulgairement dans le monde, qu'il prît un état. Vous sourirez, sans doute, en apprenant que, tout entier à son amour, Ampère permit qu'on discutât sérieusement s'il ne serait pas installé dans quelque boutique où, du matin au soir, il déplierait, plierait et déplierait encore les belles soieries de la fabrique lyonnaise ; où sa mission consisterait principalement à retenir les acheteurs par des paroles engageantes ; à maintenir les prix, mais sans impatience ; à disserter à perte de vue sur la finesse des tissus, le goût des ornements, la bonne qualité des couleurs. Ampère, sans qu'il y mît nullement du sien, échappa à cet immense danger. La carrière des sciences ayant prévalu dans une assemblée de famille, il quitta ses montagnes chéries de Poleymieux, pour aller à Lyon donner des leçons particulières de mathématiques.

AMPÈRE PROFESSEUR PARTICULIER DE MATHÉMATIQUES À LYON. — SES ÉTUDES CHIMIQUES. — SON MARIAGE. — IL EST NOMMÉ PROFESSEUR DE PHYSIQUE À L'ÉCOLE CENTRALE DE BOURG.

L'époque où nous venons d'arriver a marqué à plus d'un titre dans la vie d'Ampère. C'est alors qu'il forma des liaisons intimes, bien rares au temps où nous vivons, car elles subirent sans s'affaiblir l'épreuve de près d'un demi-siècle de crises politiques et de bouleversements de toute espèce. Les nouveaux amis, dominés par des goûts communs, se réunissaient de très-grand matin, chez l'un d'eux, M. Lenoir, que j'aurais presque désigné d'une manière aussi claire en disant qu'il était alors et qu'il est resté une des meilleures, des plus douces, des plus bienveillantes créatures dont l'espèce humaine puisse se faire honneur. Là, sur la place des Cordeliers, au cinquième étage, avant le lever du soleil, sept à huit jeunes gens se dédommageaient d'avance des ennuis d'une journée que les affaires devaient absorber, par la lecture, à haute voix, de la Chimie de Lavoisier. Cet ouvrage, où la sévérité de la méthode, la lucidité de la rédaction, le disputaient à l'importance des résultats, excita chez Ampère un véritable enthousiasme. Le public, quelques années plus tard, fut étonné de trouver un très profond chimiste dans le professeur d'analyse transcendante de l'École

Polytechnique ; mais alors on n'avait encore rien appris sur les réunions studieuses de la place des Cordeliers à Lyon. En y regardant de bien près, il est rare qu'on ne découvre pas dans la vie de chaque homme, les filaments, quelquefois très-déliés, qui rattachent les mérites et les goûts de l'âge mûr à des impressions de jeunesse.

Le mariage d'Ampère eut lieu le 15 thermidor an VII (le 2 août 1799). La famille de mademoiselle Julie Carron n'ayant point foi dans les prêtres assermentés, seuls reconnus alors par la loi civile, il fallut que la cérémonie religieuse se fît clandestinement. Cette circonstance, on doit bien le comprendre, laissa dans l'esprit du savant géomètre des traces profondes.

Ampère, au comble d'un bonheur qui, hélas ! devait peu durer, partageait doucement ses journées entre sa famille chérie, des amis sincères, et les élèves particuliers dont il dirigeait l'instruction mathématique. Le 24 thermidor an VIII (8 août 1800), sa femme lui donna un fils qui, jeune encore, prit rang dans l'élite de la littérature française, et qui porte avec éclat un nom illustre.

Notre ami, devenu père de famille, ne pouvait ni ne devait se contenter de la position précaire d'un maître courant le cachet. Il obtint, dans le mois de décembre 1801, la chaire de physique à l'école centrale du département de l'Ain, et se rendit à Bourg, en s'imposant le bien rude sacrifice de laisser à Lyon, sa femme, déjà, gravement malade, et son enfant.

Les études, les projets, les recherches de M. Ampère n'ont eu jusqu'ici aucun retentissement ; tout est resté renfermé dans le cercle, fort restreint, de quelques amis. Il n'est pas même nécessaire de faire une exception spéciale pour deux Mémoires manuscrits adressés à l'Académie de Lyon. Maintenant, au contraire, le jeune savant va se révéler au public ; comme on doit s'y attendre, ce sera à l'occasion d'une question controversée, ardue, d'une solution difficile.

Le vaste champ des mathématiques embrasse, d'une part, les théories abstraites ; de l'autre, leurs nombreuses applications. Par cette dernière face, elles intéressent au plus haut degré la généralité des hommes : aussi les voit-on, à toutes les époques, cherchant, suggérant, proposant sans cesse de nouveaux problèmes, puisés dans l'observation des phénomènes naturels ou dans les besoins de la vie commune ; aussi de simples amateurs ont-ils l'avantage de voir leurs noms honorablement inscrits dans les fastes de la science.

Lorsque Hiéron, roi de Syracuse, soupçonnant la fidélité d'un orfévre, désire, sans endommager sa couronne, déterminer si elle est d'or pur, il met Archimède sur la voie du principe fondamental de l'hydrostatique, une des plus brillantes découvertes de l'antiquité.

Le curieux qui, après avoir remarqué à Kœnigsberg les sept ponts établis entre les deux branches de la rivière Prégel et l'île Kneiphof, demandait s'il était possible de les traverser successivement sans revenir deux fois sur le même ; celui qui voulait savoir comment doit se mouvoir le cavalier pour parcourir les soixante-quatre cases de l'échiquier, sans revenir deux fois sur la même case, entraient dans cette géométrie de *situation*, déjà entrevue par Leibnitz, et qui ne fait jamais usage des grandeurs des quantités.

Disons, enfin, que les spéculations d'un joueur du grand monde, du chevalier de Méré, firent naître, dans le siècle de Louis XIV, le calcul des probabilités, ou, du moins, tournèrent de ce côté les idées de Pascal et de Fermat, deux des plus grands génies dont la France puisse s'enorgueillir.

Cette dernière branche des mathématiques appliquées, quoiqu'un illustre géomètre l'ait appelée *le sens commun réduit en calcul,* n'a pas été reçue sans opposition.

Encore aujourd'hui, le public n'admet guère que des formules analytiques soient susceptibles de renfermer le secret des décisions judiciaires ; qu'elles puissent donner les valeurs comparatives des jugements prononcés par des tribunaux diversement constitués ; il n'adopte aussi qu'avec certaine répugnance, les limites numériques entre lesquelles on s'attache à renfermer le résultat moyen de plusieurs séries d'observations distinctes et plus ou moins concordantes. Quand il s'agit d'un ordre de problèmes moins subtils, de tous ceux qui se rapportent aux jeux il suffit de l'intelligence la plus vulgaire pour entrevoir que l'algèbre ait pu en faire son domaine ; mais, là même se rencontrent, dans les détails, dans les applications, des difficultés réelles très-dignes d'exercer la sagacité des hommes du métier.

Chacun comprend qu'il y aurait du péril à jouer, *les mises étant égales*, contre quelqu'un à qui les conditions du jeu donneraient plus de chances de gagner ; chacun aperçoit aussi du premier coup d'œil, que si les chances de deux joueurs sont inégales, les mises doivent l'être aussi ; que si les chances de l'un d'eux sont, par exemple, décuples de celles de son adversaire, les mises respectives, les sommes aventurées sur chaque coup, doivent être de même dans le rapport de 10 à 1 ; que cette exacte proportionnalité des mises aux chances est la règle nécessaire, caractéristique, mais suffisante de tout jeu loyal. Cependant il est des cas où, malgré l'observation de ces conditions mathématiques, un homme raisonnable ne consentirait pas à jouer. Qui voudrait, je suppose, eût-il un million de chances contre une en sa faveur, risquer un million, dans l'espérance de gagner un franc ?

Pour expliquer cette anomalie, ce désaccord entre les résultats du calcul et les inspirations du sens commun, Buffon trouva qu'il fallait ajouter une considération nouvelle aux principes qui jusqu'à lui avaient paru suffire : il parla d'appréciations morales ; il fit la remarque que nous ne pouvons pas, ne fût-ce que par instinct, nous empêcher de tenir compte des effets qu'auront sur notre position sociale, sur nos habitudes, la perte ou le bénéfice attachés aux jeux qu'on nous propose ; il aperçut que l'avantage dont un bien peut être l'origine, ne saurait se mesurer sur la valeur absolue de ce bien et abstraction faite de la fortune à laquelle il va s'ajouter ; le rapport géométrique de l'accroissement de fortune à la fortune primitive, lui sembla devoir conduire à des appréciations beaucoup plus en harmonie avec notre manière d'être. En adoptant cette règle, on comprend à merveille, par exemple, comment avec un million de chances favorables contre une seule chance contraire, tout homme doué de la plénitude de sa raison, ne consentirait pas à jouer un million contre un franc.

L'introduction de considérations morales dans la théorie mathématique du jeu, en a certainement affaibli l'importance, la clarté, la rigueur. On devait donc regretter que Buffon en eût fait usage pour arriver à la conséquence qu'il énonce ainsi : « Une longue suite de hasards est une chaîne fatale, dont le prolongement amène le malheur ; » en termes moins poétiques : un joueur de profession court à une ruine certaine.

Cette proposition est d'une haute importance sociale : Ampère sentit le besoin de la démontrer, sans rien emprunter aux considérations dont l'illustre naturaliste et le non moins célèbre Daniel Bernoulli avaient fait usage. Tel fut le principal objet de l'ouvrage qui parut à Lyon, en 1802, avec le titre modeste de : *Considérations sur la théorie mathématique du jeu* ; l'auteur s'y montre calculateur ingénieux et exercé. Ses formules ont de l'élégance ; elles le conduisent à donner des démonstrations purement algébriques de théorèmes qui semblaient devoir exiger l'emploi de l'analyse différentielle. La question principale s'y trouve du reste complétement résolue. La marche que suit Ampère est claire, méthodique, à l'abri de toute objection. Il établit d'abord qu'entre deux personnes également riches, le principe mathématique de Pascal, de Fermat, la proportionnalité des mises aux chances favorables doit être inévitablement la règle de leur jeu ; que les fortunes inégales ne sauraient motiver de changement à cette règle générale, quand les joueurs sont décidés à ne faire qu'un nombre de parties borné et assez petit pour que ni l'un ni l'autre ne soit exposé à perdre la totalité de ce qu'il possède ; qu'il n'en est pas de même s'il s'agit d'un nombre indéfini de parties, la possibilité de tenir le jeu plus longtemps, donnant alors au joueur le plus riche un avantage incontestable, qui croît très-vite et en même temps que la différence des fortunes. Le désavantage d'un des joueurs devient immense, si son adversaire est immensément plus riche que lui : ce cas est toujours évidemment celui du joueur de profession qui accepte toutes les parties ; le monde tout entier des joueurs en face desquels il se pose, doit être considéré comme un joueur unique doué d'une prodigieuse fortune. Dans les jeux à chances égales, où l'habileté n'a pas de rôle, un joueur de profession peut donc être certain de se ruiner : les formules d'Ampère le prouvent sans réplique. Les mots vides de sens, tels que : bonheur, chance, bonne étoile, bonne veine, ne sauraient empêcher ni même retarder l'exécution d'une sentence prononcée au nom de l'algèbre.

Il est une école qui se qualifie elle-même d'utilitaire ; qui inscrit sur ses bannières les trois redoutables mots : *À quoi bon ?* qui, en vérité, dans sa guerre acharnée contre ce qu'elle nomme des superfluités matérielles ou intellectuelles, jetterait au feu nos admirables bibliothèques, nos splendides musées, et nous réduirait, comme nos pères, à manger du gland. Ses adeptes ne manqueront donc pas de me demander combien les calculs d'Ampère ont corrigé de joueurs.

J'avoue d'avance, avec une entière humilité, et sans croire faire en cela aucun tort à la mémoire de notre confrère, que le travail dont je viens de donner une analyse si détaillée n'a peut-être pas guéri une seule personne atteinte de la manie invétérée du jeu. Le remède n'a pas agi ; mais pourrait-on assurer qu'il ait été souvent appliqué ? A-t-il existé beaucoup de joueurs de profession assez algébriques pour comprendre les formules de M. Ampère, pour en apprécier l'exactitude parfaite ? On se tromperait d'ailleurs si l'on s'imaginait que la certitude de perdre détournerait tout le monde de jouer. Mon doute paraîtra certainement paradoxal : je tiens à le justifier.

Je connaissais à Paris, il y a quelques années, un étranger de distinction, à la fois très-riche et très-mal portant, dont les journées, sauf un petit nombre d'heures de repos, étaient régulièrement partagées entre d'intéressantes recherches scientifiques et le jeu. Je regrettais vivement que le savant expérimentateur donnât à la moitié de sa vie une destination si peu en harmonie avec une capacité intellectuelle que tout le monde se plaisait à reconnaître. Malheureusement quelques intermittences de gain et de perte, momentanément balancés, lui avaient persuadé que les avantages des banques contre lesquelles il jouait n'étaient ni assez assurés, ni assez considérables pour qu'on ne fût pas en droit d'attendre *une bonne veine*. Les formules analytiques des probabilités, offrant un moyen radical, le seul peut-être, de dissiper cette illusion, je proposai, le nombre des coups et les mises m'étant donnés, de déterminer à l'avance, de mon cabinet, à combien se monterait, non pas assurément la perte d'un jour, non pas même la perte d'une semaine, mais la perte de chaque trimestre. Les calculs se trouvèrent si régulièrement d'accord avec la diminution correspondante des bank-notes dans le portefeuille de l'étranger, que le doute n'était plus permis. Le savant gentleman renonça donc au jeu… pour toujours ? non, Messieurs, pendant une quinzaine. Après ce temps, il déclara que mes calculs l'avaient complétement convaincu ; qu'il ne serait plus le tributaire inintelligent des tripots de Paris ; qu'il continuerait le même genre de vie, mais non avec les folles espérances qui le berçaient jadis. « Je n'ignore plus, ajoutait-il, que je perdrai tous les ans 50,000 francs de ma fortune que je puis consacrer au jeu : j'y suis parfaitement résigné ; ainsi, personne désormais n'aura le droit de me considérer comme la dupe d'une ridicule illusion. Je continuerai à jouer, parce que mes 50,000 francs de superflu, employés de toute autre manière, n'exciteraient pas dans mon corps débile, miné par la douleur, les vives sensations qu'il éprouve en présence des combinaisons variées, tantôt heureuses et tantôt fatales, qui se déroulent tous les soirs sur un tapis vert ! »

En prenant la peine d'y réfléchir, on verra que ces paroles ne sont pas la simple paraphrase du mot si connu d'un homme d'État célèbre : « Après le plaisir de gagner, je n'en connais pas de plus grand que celui de perdre. »

Je ferais tort aux sciences mathématiques, si j'essayais de les justifier de ne pas avoir prévu, dans leurs formules, que l'espèce d'orage intérieur et peignant qui résulte du jeu obtiendrait la préférence sur la satisfaction douce, morale, attendrissante, que les hommes riches peuvent journellement se donner en soulageant de cruelles misères. Les passions, quoique *d'institution divine*, comme disait une femme du grand monde, sont des protces que le calcul essaierait en vain d'enlacer dans ses filets réguliers et méthodiques. Au surplus, si les sciences ont échoué dans une pareille tâche, ce malheur elles le partagent avec la dialectique des moralistes, l'éloquence de la chaire, et même avec la poésie. J'ai lu, en effet, quelque part, que Colbert voulut un jour détourner de la guerre le monarque qu'il servait avec tant de dévouement et d'habileté. Boileau promit de seconder le ministre ; il adressa à Louis XIV la belle épître où se trouve une peinture si entraînante des douceurs de la paix et, entre autres passages remarquables, celui que tout le monde a retenu sur l'empereur Titus,

Qui rendit de son joug l'univers amoureux ;
Qu'on n'alla jamais voir sans revenir heureux ;
Qui soupirait, le soir, si sa main fortunée
N'avait par ses bienfaits signalé sa journée.

36

De si beaux vers allèrent au cœur du roi ; il se les fit redire à trois reprises, ordonna ensuite de seller ses chevaux et partit pour l'armée.

Ampère avait composé, pendant sa première jeunesse, une tragédie sur la mort d'Annibal, dans laquelle on remarquait de très-bons vers et les plus nobles sentiments. J'ajouterai que, pendant son séjour dans le chef-lieu du département de l'Ain, les sciences n'absorbaient pas tellement toutes les pensées d'Ampère, qu'il ne trouvât le temps de cultiver les lettres et même la poésie légère. Témoin une épître que notre savant confrère, M. Isidore Geoffroy, m'a tout récemment apportée de Bourg, dont il fut donné lecture, le 26 germinal an xi, à la Société d'Émulation de l'Ain, et qui commence ainsi :

> Vous voulez donc, belle Émilie,
>
> Que de Gresset ou d'Hamilton
>
> Dérobant le léger crayon,
>
> J'aille chercher dans ma folie,
>
> Sur les rosiers de l'Hélicon,
>
> S'il reste encor quelque bouton
>
> De tant de fleurs qu'ils ont cueillies :
>
> Souvent mes tendres rêveries, etc.

Je ne sais si la belle Émilie n'était pas un de ces êtres imaginaires sur lesquels les poètes jettent à pleines mains toutes les perfections qu'ils ont rêvées ; mais aucun des amis d'Ampère n'ignore que la femme éminemment belle, bonne etdistinguée qui unit sa destinée à la sienne, avait, elle aussi, excité sa muse ; plusieurs se rappelleront une pièce dont le début surtout a été remarqué :

> Que j'aime à m'égarer dans ces routes fleuries,
>
> Où je t'ai vue errer sous un dais de lilas ;
>
> Que j'aime à répéter aux nymphes attendries,
>
> Sur l'herbe où tu t'assis, les vers que tu chantas.
>
> . . . .
>
> Les voilà ces jasmins dont je t'avais parée ;
>
> Ce bouquet de troène a touché tes cheveux, etc.

Certain mathématicien commit, un jour, la faute de mettre le public dans la confidence de quelques vers, bien mesurés, bien rimés, et qui n'en étaient pas meilleurs pour cela. Une dame d'esprit, qui les entendait lire, s'écria qu'à l'exemple de M. Jourdain, l'auteur de ces vers *faisait de la prose sans le savoir*. Bien des auteurs qu'on a qualifiés du titre de poëtes, sont tombés dans le même défaut sans avoir passé par la géométrie. Il n'est donc pas à craindre qu'une piquante saillie fasse revivre la thèse tant rebattue de la prétendue influence desséchante des études scientifiques : les noms de Platon, de Lucrèce, de Descartes, de Pascal, de Haller, de Voltaire, de Jean-Jacques, ont déjà largement répondu. L'épître d'Ampère, dont je viens de citer quelques vers, pourrait, en tout cas, et sans trop de désavantage, figurer dans le débat, s'il se renouvelait.

Peut-être trouverez-vous, Messieurs, et non sans quelques motifs, que j'ai bien longuement insisté sur les œuvres poétiques d'Ampère ; je rappellerai, toutefois, que le grand géomètre Huygens adressa, jadis, à la célèbre Ninon de l'Enclos, quatre vers, pas davantage, que les littérateurs ont reproduits avec une affectation très-peu charitable. La règle du talion nous eût autorisé à placer, en regard du malencontreux quatrain, les erreurs scientifiques de divers poëtes. Boileau lui-même, si nous l'avions jugé utile, aurait figuré dans notre polémique, par ces deux vers de sa satire des femmes, où vraiment il se montre disciple bien arriéré de la savante Uranie :

> Que l'astrolabe en main, une autre aille chercher,
>
> Si le soleil est fixe ou *tourne sur* SON AXE.

L'excellent abbé Delille n'eût guère semblé plus orthodoxe, dans le passage de son discours de réception, où il attribue aux productions équatoriales, de plus vives couleurs, plus de parfum et d'activité, *parce que le soleil les chauffe de plus près.*

Cette statistique singulière se serait élevée, ou, si on l'aime mieux, abaissée par degrés, jusqu'à ce vers d'un homme qui, assurément, n'avait jamais doublé le cap Horn, ni même lu les voyages de Cook ; jusqu'à ce vers après lequel il eût fallu tirer l'échelle :

Que du pôle glacé jusqu'au pôle brûlant !

Mais j'ai cru, Messieurs, que, dans cette enceinte, au lieu de chercher quels poëtes n'étaient pas savants, il serait mieux de citer des savants qui ont été quelque peu poëtes.

Lalande et M. Delambre avaient été charmés du travail analytique du jeune professeur de Bourg, sur le calcul des probabilités ; ils l'appelèrent à Paris, et lui firent confier la place de répétiteur à l'École Polytechnique, fonctions dont Ampère s'acquitta avec distinction, mais non sans rencontrer des difficultés qui tenaient, pour la plupart, à l'isolement dans lequel il avait vécu jusque-là. Mal conseillé par des amis peu au courant des choses d'ici-bas, Ampère se présenta, dans l'amphithéâtre d'une école presque militaire, en habit noir à la française, œuvre malheureuse d'un des moins habiles tailleurs de la capitale ; et pendant plusieurs semaines, le malencontreux habit empêcha plus de cent jeunes gens de prêter attention aux trésors de science qui se déroulent devant eux.

Le répétiteur craint que les caractères tracés sur le tableau noir ne soient peu visibles pour ses auditeurs les plus éloignés ? Il croit devoir les consulter, ce qui semble bien naturel. Eh bien, à la suite du colloque ainsi établi avec des jeunes gens réunis en grand nombre, plusieurs d'entre eux eurent l'espièglerie, en argumentant toujours de la prétendue faiblesse de leur vue, d'amener par degrés le bienveillant professeur à des caractères d'une telle grosseur, que le plus vaste tableau, loin de suffire à des calculs compliqués, n'aurait pas contenu seulement cinq chiffres.

Tout entier enfin aux développements d'une théorie difficile, il lui arriva, dans le feu de la démonstration, de prendre le torchon saupoudré de craie pour son mouchoir. Le récit, grossi, amplifié, de cette méprise, assurément bien innocente, se transmit de promotion en promotion ; et quand Ampère paraissait pour la première fois devant une d'elles, ce n'était plus le savant analyste qu'elle cherchait de préférence : elle guettait plutôt le moment où il l'égaierait par la distraction, dès longtemps promise, et dont elle était très-peu disposée à le tenir quitte.

Vous connaissez maintenant, Messieurs, les écueils contre lesquels le savoir, le zèle de l'excellent professeur Ampère allèrent souvent se briser.

À la fois géomètre et métaphysicien, Ampère, dès son arrivée à Paris, vécut dans deux sociétés distinctes. Elles avaient pour unique trait de ressemblance la célébrité de leurs membres. D'un côté se trouvaient la première classe de l'ancien Institut, les professeurs et les examinateurs de l'École polytechnique, les professeurs du collége de France ; de l'autre, Cabanis, Destutt de Tracy, Maine de Biran, Degérando, etc.

Ici, on essayait de sonder, d'analyser les mystères de l'intelligence ; là, cette intelligence, telle que la nature nous la départit, telle que l'éducation la perfectionne et l'étend, créait chaque jour de nouveaux prodiges. Les psychologismes cherchaient de quelle manière on invente ; les géomètres, les chimistes, les physiciens inventaient. Sans trop s'occuper, eux, du comment cela se faisait, ils découvraient, soit les formes analytiques où sont actuellement renfermées les lois des mouvements des astres, soit les règles subtiles des actions moléculaires, lesquelles, tout en nous mettant sur la voie des causes d'un grand nombre de phénomènes naturels, éclairaient les procédés des arts, développaient la richesse nationale. Ils saisissaient, enfin, les nouvelles propriétés de la lumière, de l'électricité, du magnétisme, qui ont jeté tant d'éclat sur les premières années de ce siècle. Ballottée entre ces deux *écoles*, si l'expression m'est permise, l'ardente imagination d'Ampère subissait journellement d'assez rudes épreuves. Je ne pourrais pas dire avec certitude sous quel aspect les sciences exactes étaient alors envisagées par les métaphysiciens ; mais je sais que les géomètres, les chimistes accordaient peu d'estime aux recherches purement psychologiques. Ce tort, car je suis fort disposé à croire que tort il y avait, sera quelque peu amoindri aux yeux de ceux qui voudront bien considérer, qu'en métaphysique, tout se lie, tout se tient, tout s'enchaîne comme les mailles du tissu le plus délicat ; en telle sorte qu'un principe ne saurait être détaché de l'ensemble de définitions, d'observations et d'hypothèses dont il découle, sans perdre beaucoup de son importance apparente et surtout de sa clarté. Lorsque Ampère, encore vivement ému des entretiens qu'il venait d'avoir avec les psychologismes, allait étourdiment, je veux dire sans préparation, jeter *l'émesthèse*, par exemple, au milieu d'une réunion de géomètres, de physiciens ou de naturalistes ; lorsqu'en cédant à son enthousiasme, il soutenait qu'un mot obscur, ou du moins incompris, renfermait la plus belle découverte du siècle, n'était-il pas naturel qu'il rencontrât des incrédules ? Tout aurait été même dans l'ordre, si l'extrême bonté de notre confrère n'avait autorisé les incrédules moqueurs à usurper la place des incrédules sérieux.

Je trouve dans la correspondance manuscrite dont M. Bredin, de Lyon, a bien voulu me donner communication, qu'Ampère rêvait à Paris la publication d'un livre qu'il voulait intituler : *Introduction à la philosophie.*

Le fameux anathème de Napoléon contre l'idéologie ne l'avait pas découragé ; il lui semblait devoir plutôt contribuer à propager ce genre d'études qu'à le restreindre. Notre confrère élaborait alors sa *Théorie des relations,* sa *Théorie de l'existence ; des Connaissances subjectives, des Connaissances objectives, et de la moralité absolue.*

Il se jugeait lui-même incapable d'éclairer d'une manière suffisante des sujets si difficiles, s'il ne trouvait pas l'occasion de les soumettre à de vives discussions verbales. Malheureusement, cette occasion tant désirée lui manquait à Paris : Maine de Biran était retourné à Bergerac, et, dans le reste des habitants de l'immense capitale, pas un ne paraissait alors prendre intérêt, sous le point de vue métaphysique, au subjectif, à l'objectif et à la moralité absolue. Ampère tourna alors ses vues du côté de ses amis d'enfance, et résolut de retourner momentanément à Lyon. Les conditions du voyage avaient été strictement formulées : certitude complète D'AU MOINS *quatre après-dînés par semaine,* consacrés à des débats sur l'idéologie ; promesse formelle qu'on lirait, qu'on examinerait chaque jour, du point de vue de la rédaction et de la clarté, les pages que chaque jour aurait vues naître. Quoique je n'aie pas sous les yeux le texte des réponses que reçut Ampère, j'ai tout lieu de croire qu'elles furent loin de le satisfaire, « Combien est admirable la science de la psychologie ! écrivait-il à M. Bredin, et, *pour mon malheur, tu ne l'aimes plus. — faut*, disait-il ailleurs, pour me priver de toute consolation sur la terre, que nous ne puissions plus sympathiser en matière de métaphysique… Sur la seule chose qui m'intéresse, tu ne penses plus comme moi… C'est un vide affreux dans mon âme. »

Les amis de Lyon avaient trouvé la psychologie d'Ampère un peu sèche et minutieuse. Ils l'engageaient à revenir aux sciences exactes. Notre confrère leur répondait sur un ton lyrique : « Comment quitter un pays plein de fleurs et d'eaux vives ; comment quitter des ruisseaux, des bocages, pour les déserts brûlés par les rayons de ce soleil mathématique, qui, répandant sur les objets la plus vive lumière, les flétrit, les dessèche jusqu'à la racine !… Comme il vaut mieux errer sous des ombrages mobiles, que de marcher le long d'une route droite où l'œil embrasse tout, ou rien ne semble fuir pour nous exciter à le poursuivre ! »

Il était de mon devoir de chercher les frais bocages qu'Ampère avait aperçus, et d'essayer de vous y faire pénétrer ; mais hélas ! habitué par vos conseils, par vos exemples, à priser surtout, en matière de sciences, les routes droites et complétement éclairées, mes yeux éblouis ne trouveraient qu'une obscurité profonde, là où notre ingénieux ami, aux regards perçants, avait le privilége de voir de fraîches demi-teintes. Privé du guide, du fil d'Ariane que j'ai vainement cherché dans les manuscrits d'Ampère, je craindrais, je l'avoue, d'être conduit, comme jadis Voltaire, à placer à la fin de chaque proposition de métaphysique, les deux mêmes lettres (N L), que traçaient les poinçons des magistrats romains, quand les causes leur paraissaient encore trop obscures pour donner lieu à des jugements motivés. Des *non liquet* (des *ce n'est pas clair*) trop souvent répétés, malgré leur sincérité entière, auraient eu, peut-être, un air de fausse modestie que je devais éviter à tout prix.

Blâmerait-on, au surplus, mon extrême défiance ? Il ne serait pas difficile de la justifier, en montrant seulement le superbe mépris que chaque école psychologique déverse sur l'école rivale, et cela par l'organe de ses plus éloquents propagateurs.

Voyez ce que je lis dans les leçons d'un des maîtres les plus renommés (Laromiguière) : « Qu'est-ce donc qu'une science qui n'a ni principes arrêtés ni méthode constante, qui change de nature et de forme au gré de tous ceux qui la professent ? Qu'est-ce qu'une science qui n'est plus aujourd'hui ce qu'elle était hier, qui tour à tour vante comme son oracle Platon, Aristote, Descartes, Locke, Leibnitz, et tant d'autres dont les doctrines et les méthodes semblent n'avoir rien de commun ? Pour tout dire, qu'est-ce qu'une science dont on a mis en question, non pas l'existence, mais la possibilité ? »

Ampère, lui-même, ne commandait-il pas d'avance toute ma réserve, quand il s'écriait : « Ceux-là ont dit une chose admirable de justesse et de vérité qui, voulant comparer les vrais métaphysiciens des écoles de Kant et de Schelling aux partisans de l'école écossaise, aux adeptes de Reid et de

Dugald-Stewart, ont fait la proportion suivante : « Ces derniers sont aux premiers, ce que les bons cuisiniers sont aux chimistes. »

L'avenir et des juges plus compétents marqueront donc la place d'Ampère parmi les psychologismes. Toutefois, je puis dire dès ce moment, que la plus étonnante pénétration, que la rare faculté de saisir, au milieu de minutieux détails, d'immenses généralisations ; que le génie, enfin, paraît distinguer tout aussi bien les recherches métaphysiques de notre ami, que les brillants travaux de physique mathématique qui forment aujourd'hui la partie la plus solide, ou, si l'on veut, la plus reconnue, la plus incontestée de sa renommée scientifique. Autant que le sujet pouvait le comporter, Ampère se rapprochait de la voie expérimentale. Ce n'est certainement pas de sa bouche que sortirent jamais ces incroyables paroles attribuées à un psychologisme : « Je te méprise comme un fait ! »

Les faits, il en tenait le plus grand compte. C'est à les enserrer dans les théories qu'il appliquait surtout une merveilleuse fécondité. Quand, par extraordinaire, ses efforts restaient infructueux, les théories étaient immédiatement changées ou abandonnées. Dans mon auditoire, il est probablement des personnes à qui ces paroles rappelleront, et les premières idées de notre confrère sur l'*instinct* des animaux, et la manière dont il les modifia. Les circonstances de ce changement subit me semblent mériter d'être conservées.

Parmi les questions de métaphysique les plus débattues, on peut placer au premier rang celle de savoir si les animaux jouissent d'une certaine puissance de raisonnement, ou s'ils sont, au contraire, toujours et uniquement dirigés par un mobile qu'on a appelé *l'instinct*. La question sera peut-être mieux comprise en la posant en ces termes : Faut-il, avec Aristote, n'accorder aux bêtes que la sensibilité, que la mémoire ? Est-il vrai qu'elles soient privées de la faculté de comparer leurs actes, d'en tirer des conséquences ?

Ampère, sur ce point, s'étant montré péripatéticien décidé devant plusieurs de ses amis, un d'eux lui raconta, à titre d'objection, l'anecdote suivante :

« Surpris, la nuit, non loin de Montpellier, par un orage violent, je me réfugiai dans l'auberge du premier village qui se trouva sur ma route. La mort d'un maigre poulet fut la conséquence immédiate de cette visite inattendue. La cuisinière mit l'animal décharné à la broche, et, incontinent, chercha à saisir un chien basset, lequel, introduit dans certain tambour de bois d'assez grandes dimensions, situé sous le manteau de la cheminée, devait faire l'office de la combinaison de poids, de ressorts et de roues dentées, qu'on trouve aujourd'hui dans la plus humble cuisine, mais qui alors était, au midi de la France, une véritable rareté. Le basset refusa obstinément le rôle qu'on lui réservait : il ne céda pas plus aux caresses qu'aux menaces et aux coups. Tant de ténacité, de résolution, de courage, attirèrent mon attention, et je demandai si le pauvre chien en était à son début. — Pauvre chien ! me répondit-on avec dépit et brusquerie ; si vous le plaignez, ma foi, il ne le mérite guère, car chaque jour ces scènes se renouvellent. Savez-vous pourquoi ce *beau monsieur* ne veut pas maintenant tourner la broche ? c'est qu'il a décidé, dans sa tête, que lui et son camarade doivent se partager la besogne du rôtissage par parties précisément égales ; c'est, je me le rappelle, qu'il a effectivement travaillé le dernier ; c'est qu'il trouve, dès lors, *que ce n'est pas en ce moment son tour !*

« Il y avait pour moi tout un monde dans les mots : *ce n'est pas en ce moment son tour !* À ma prière, un valet d'écurie alla dans la rue chercher le second chien. Celui-ci montra une docilité exemplaire ; le tambour rotatif le reçut, et il aurait bientôt conduit l'opération à son terme, si, voulant compléter l'expérience, je ne l'avais fait ôter après un certain temps, pour soumettre à une nouvelle épreuve le chien récalcitrant. Le chien récalcitrant, *dont le tour était alors venu*, obéit au premier signe de la cuisinière, entra sans difficulté dans le *tourne-broche rustique*, et y fonctionna comme l'écureuil dans sa cage.

« Ne résulte-t-il pas de là, mon cher Ampère, que des chiens peuvent avoir le sentiment du juste et de l'injuste, se faire une sorte de charte et endurer des souffrances corporelles plutôt que de la laisser violer ? »

Les traits d'Ampère exprimaient vivement l'intérêt qu'il prenait à ce récit ; on devait croire qu'il allait s'écrier comme Lactance : « Excepté en matière de religion, les bêtes participent à tous les avantages de l'espèce humaine ! » Cependant notre confrère ne poussa pas les choses aussi loin que le *Cicéron chrétien.* En modifiant ses anciennes opinions sur l'instinct, il admit seulement que les êtres animés offrent *dans leur ensemble* tous les degrés possibles de l'intelligence, depuis son absence à peu près complète, jusqu'à celle dont *les confidents du Très-Haut,* suivant l'expression de Voltaire, doivent être *jaloux.*

Je ne quitterai pas ce sujet avant d'avoir montré, par un nouvel exemple, combien Ampère, malgré l'extrême vivacité qu'il apportait dans les discussions, était, au fond, loyal, tolérant, à l'abri des passions haineuses que les idées préconçues et l'amour-propre amènent ordinairement à leur suite.

Dans des notes manuscrites d'un professeur de Lyon (M. Bredin) avec lequel Ampère étudiait la doctrine métaphysique de *l'absolu,* je trouve textuellement ces paroles : *Des discussions très-animées s'élevaient journellement entre nous : elles furent l'origine de la sainte et indissoluble amitié qui nom a constamment unis.*

Un auteur de romans croirait aujourd'hui blesser la vraisemblance, s'il plaçait l'amitié au nombre des conséquences possibles d'une vive discussion. Il ne se permettrait de pareilles hardiesses qu'en transportant ses personnages dans le pays de la Fable.

TRAVAUX MATHÉMATIQUES D'AMPÈRE.

Un homme tel qu'Ampère met l'amour-propre de son biographe à de fréquentes épreuves. Il m'a fallu tout à l'heure reculer devant des recherches psychologiques dont l'importance et la profondeur, j'en ai fait l'aveu sincère, m'eussent certainement échappé ; et voilà que déjà je suis forcé de reconnaître qu'une analyse intelligible et en langage vulgaire des travaux de notre confrère sur les mathématiques pures est au-dessus de mes forces. Toutefois, comme dans ces travaux figurent les Mémoires qui, après la mort de Lagrange, en 1813, ouvrirent à notre ami les portes de l'Académie, ils doivent être mentionnés ici, ne fût-ce que par leurs titres.

L'esprit aventureux d'Ampère se porta toujours avec prédilection vers les questions que les efforts infructueux de vingt siècles ont réputées insolubles ; il ne se plaisait, si l'expression m'est permise, qu'entouré des précipices de la science. Aussi, je l'avouerai, je n'étais pas médiocrement étonné de ne le trouver nulle part aux prises avec *la quadrature du cercle*. Cette inexplicable lacune dans la jeunesse de notre confrère vient d'être remplie. Une note manuscrite de M. le secrétaire de l'Académie de Lyon m'apprend que le 8 juillet 1788, Ampère, âgé alors de treize ans, adressa à ce corps savant un travail relatif au célèbre problème dont je viens de faire mention. Plus tard, mais cependant dans la même année, il soumit à l'examen de ses compatriotes un Mémoire analogue intitulé : *De la rectification d'un arc quelconque de cercle plus petit que la demi-circonférence*. Ces deux Mémoires ne nous sont pas parvenus. S'il faut en croire la note manuscrite qui m'a été remise, le jeune Ampère non-seulement ne jugeait pas le problème insoluble, mais il se flattait de l'avoir à peu près résolu.

Des scrupules que j'honore, sans avoir pu les partager, me demandaient le sacrifice de cette anecdote. Le sacrifice eût été assurément bien léger, et, toutefois, je n'ai pas cru devoir le faire. Les faiblesses scientifiques des hommes supérieurs sont une source d'enseignement tout aussi utile, tout aussi profitable, que leurs succès, et le biographe n'a pas le droit de les couvrir d'un voile. Est-il d'ailleurs bien certain qu'il y eût ici quelque chose à excuser, à dissimuler ; qu'un géomètre puisse avoir à rougir des efforts qu'il a tentés, dans son enfance ou même dans l'âge mûr, pour carrer géométrique ment le cercle ? Pour soutenir une semblable thèse, il faudrait ne pas se rappeler que l'antiquité nous présente, comme fort occupés de ce célèbre problème, Anaxagore, Meton, Hippocrate de Chio, Archimède, Apollonius ; qu'à ces grands noms, les modernes peuvent ajouter ceux de Snellius, de Huygens, de Gregory, de Wallis, de Newton ; enfin que, parmi les personnages dont la quadrature du cercle a mis la sagacité en défaut, je veux dire qu'elle a entraînés dans des erreurs manifestes, il en est plusieurs qui, sous d'autres rapports, ont rendu aux sciences des services réels : par exemple, J. B. Porta, l'inventeur de la chambre obscure ; le Père Grégoire de Saint-Vincent, jésuite, à qui l'on doit la découverte des propriétés remarquables des espaces hyperboliques terminés aux asymptotes ; Longomontanus, l'astronome, etc., etc.

Si l'on s'est préoccupé de l'idée que, pour justifier leurs efforts, les quadrateurs citeront désormais avec quelque avantage les tentatives d'un enfant de treize ans, je répondrai sans hésiter, car mes fonctions académiques m'ont mis souvent en rapports directs et personnels avec la secte, que les autorités ne sont absolument rien à ses yeux ; qu'elle s'est depuis longtemps radicalement séparée de tout ce qui porte ou a porté-le titre de géomètre ; qu'Euclide lui-même, dans ses principaux théorèmes, dans celui du carré de l'hypoténuse par exemple, leur paraît fort sujet à caution.

Si une manie, j'ai presque dit si une fureur, qui se manifeste surtout au printemps, comme l'expérience l'a prouvé, pouvait jamais être justiciable de la logique, il faudrait, pour la combattre avec succès, distinguer plus soigneusement qu'on ne l'a fait jusqu'ici, les aspects divers sous lesquels le problème de la quadrature du cercle doit être envisagé. Un exemple de guérison, dont j'ai été moi-même témoin, me donnerait quelque confiance dans ce mode de traitement.

Le premier en date de tous les Mémoires mathématiques d'Ampère imprimés depuis son arrivée à Paris, est relatif à une question de géométrie élémentaire. Ce Mémoire, présenté à l'Académie de Lyon en 1801, parut dans le cahier de la Correspondance de l'École polytechnique du mois de juillet 1801. Il suffira de quelques mots pour caractériser le but qu'Ampère se proposait.

Il y a dans la géométrie élémentaire une proposition tellement évidente, qu'on peut à bon droit la regarder comme un axiome. En voici l'énoncé :

Si deux lignes situées dans le même plan sont parallèles ; en d'autres termes, si, prolongées indéfiniment, elles ne doivent jamais se rencontrer, une troisième ligne formant un angle avec la première des deux parallèles, et partant d'un de ses points, ira nécessairement couper la seconde.

Personne assurément n'élèvera de doute sur ce théorème ; cependant tous les efforts des plus célèbres géomètres, des Euclide, des Lagrange, des Legendre, etc., pour ajouter à son évidence naturelle par voie de démonstration proprement dite, ont été infructueux.

La géométrie des corps solides avait offert, jusqu'à ces derniers temps, une proposition dont la vérité était tout aussi manifeste, et que, néanmoins, on ne savait pas démontrer : je veux parler de l'égalité de volume des polyèdres symétriques.

Deux polyèdres obliques ont une même base située sur un plan horizontal ; mais l'un est tout entier au-dessus de ce plan, l'autre tout entier au-dessous. Leurs faces sont semblables et de même longueur ; en outre, elles se correspondent exactement quant aux inclinaisons rapportées à la base commune. Pour dire la même chose en moins de mots, l'un des deux polyèdres étant considéré comme un objet, l'autre serait son image réfléchie sur le plan de la base commune, si ce plan était un miroir.

Le Mémoire d'Ampère a pour but de démontrer l'égalité de ces deux polyèdres, et l'on peut affirmer que ce point de la science géométrique ne laisse, plus rien à désirer.

En 1803, M. Ampère adressait à l'Institut un travail très-élégant, qui n'a vu le jour que beaucoup plus tard (en 1808), intitulé : *Mémoire sur les avantages qu'on peut retirer, dans la théorie des courbes, de la considération des paraboles osculatrices.*

Nous trouvons un Mémoire d'Ampère, à la date du 26 floréal an II. Il a été imprimé dans le tome Ier du recueil des savants étrangers de l'Académie des sciences. Voici son titre : *Recherches sur l'application des formules générales du calcul des variations aux problèmes de la mécanique.*

Les formules générales de l'équilibre, données par l'immortel auteur de la *Mécanique analytique,* ont une forme analogue à celle des équations que le calcul des variations fournit pour la détermination des *maxima* et des *minima* des formules intégrales. Ampère crut que cette similitude de forme, déjà remarquée par Lagrange, lui donnerait les moyens d'éviter, dans la solution des questions de statique, les fastidieuses intégrations par parties. L'analogie ne se trouva pas aussi complète qu'on avait pu le croire au premier aperçu. Les formules ordinaires ont besoin d'être transformées quand on veut les employer à la solution de problèmes de mécanique. Ampère donne ces transformations, et les applique à l'ancien problème de la chaînette.

Ce problème, qui consistait à déterminer la courbe que forme une chaîne uniformément pesante et inextensible, quand on l'attache à deux points fixes, est célèbre à plus d'un titre. Galilée chercha inutilement à le résoudre. Sa conjecture que la courbe cherchée pouvait être une parabole se trouva fausse, malgré tous les paralogismes que les Pères Pardies et de Lanis accumulèrent pour en prouver l'exactitude au singulier adversaire qui leur opposait des épreuves mécaniques. En 1691, Jacques Bernoulli jeta de nouveau ce même problème dans le monde scientifique, sous forme de défi. Trois géomètres seulement eurent la force de relever le gant : Leibnitz, Huygens et Jean Bernoulli, qui dès cette fois, pour le dire en passant, laissa poindre les premières traces de sa jalousie contre son maître, son bienfaiteur et son frère, montrant ainsi que l'amour de la gloire peut devenir la plus intraitable, la plus injuste, la plus aveugle des passions. Les quatre illustres géomètres ne se contentèrent pas de donner la véritable équation différentielle de la courbe, ils signalèrent encore les conséquences qui s'en déduisent. Tout autorisait donc à croire que le sujet était épuisé ; mais on se trompait. Le Mémoire d'Ampère renferme, en effet, des propriétés nouvelles et très-remarquables de la chaînette et de sa développante. Ce n'est pas un faible mérite, Messieurs, de découvrir des lacunes dans un sujet exploré par les Leibnitz, les Huygens et les Bernoulli. Ajoutons que l'analyse de notre confrère réunit l'élégance à la simplicité.

Ampère donna en outre une nouvelle démonstration du théorème de Taylor, et calcula l'expression finie des termes qu'on néglige lorsqu'on arrête la série à un terme quelconque.

Chargé de l'enseignement mathématique à l'École polytechnique, Ampère ne pouvait manquer de chercher une démonstration du principe des vitesses virtuelles, dégagé de la considération des infiniment petits. Tel est l'objet d'un Mémoire qui fut imprimé en 1806, dans le 13e cahier du Journal de l'École.

Pendant sa candidature à la place que la mort de Lagrange, arrivée en 1813, avait laissée vacante, Ampère présenta à l'Académie, d'abord : *Des considérations générales sur les intégrales des équations aux différences partielles* ; et ensuite : *Une application de ces considérations à l'intégration des équations différentielles du premier et du deuxième ordre.* Ces deux Mémoires offraient la preuve très-surabondante que l'analyse, dans ce qu'elle offre de plus difficile, lui était très-familière.

Nommé académicien, Ampère ne devint pas inactif : il s'occupa des applications de l'analyse aux sciences physiques. Parmi ses productions, nous citerons :

1° *La démonstration de la loi de Mariotte*, lue à l'Académie le 24 janvier 1814 ;

2° *La démonstration d'un théorème nouveau, d'où l'on peut déduire toutes les lois de la réfraction ordinaire et extraordinaire*, lue à l'Académie le 27 mars 1815 ;

3° Un Mémoire *sur la détermination de la surface courbe des ondes lumineuses dans un milieu dont l'élasticité est différente suivant les trois dimensions*, lu à l'Académie des sciences le 26 août 1828.

Dans les travaux d'Ampère, il en est un qui prime tous les autres, il constitue à lui seul une belle science ; son nom, l'*électro-dynamisme*, est à jamais inséparable de celui d'Ampère. Au lieu de porter successivement vos pensées sur vingt sujets divers, permettez que je les concentre quelques moments sur la vaste, sur la féconde conception de notre ami ; heureux si j'arrive à la dégager de tout ce qu'elle a paru offrir jusqu'ici d'obscur, d'équivoque, et à marquer ainsi le rang élevé qui lui appartiendra, parmi les plus beaux titres de notre époque à la reconnaissance de la postérité.

Au milieu des progrès rapides, importants, que faisaient tant de sciences anciennes et modernes, celle qui traite du magnétisme restait à peu près stationnaire. On sait depuis six siècles au moins, que les barres de fer, et surtout d'acier, convenablement préparées, se dirigent vers le nord. Cette curieuse propriété nous a donné les deux Amériques, la Nouvelle Hollande, les nombreux archipels et les centaines d'îles isolées de l'Océanie, etc. ; c'est à elle que dans les temps sombres ou de brouillard, recourent, pour se diriger, les capitaines des mille et mille navires dont toutes les mers du monde sont sillonnées de jour et de nuit : aucune vérité de physique n'a eu des conséquences aussi colossales.

Cependant, jusqu'ici, on n'avait rien découvert touchant la nature de la modification intime qu'éprouve une lame d'acier neutre pendant les opérations mystérieuses, j'ai presque dit cabalistiques, à l'aide desquelles on la transforme en aimant.

L'ensemble des phénomènes du magnétisme, les affaiblissements, les destructions, les renversements de polarité des aiguilles de boussole, occasionnés à bord de quelques navires par de violents coups de foudre, semblaient établir des liaisons intimes entre le magnétisme et l'électricité. Toutefois, les travaux *ad hoc* entrepris à la demande de plusieurs académies, pour développer et fortifier cette analogie, avaient si peu conduit à des résultats décisifs, que nous lisons dans un programme d'Ampère, imprimé à la date de 1802 :

« Le professeur Démontrera que les phénomènes électriques et magnétiques sont dus à *deux fluides différents*, et qui agissent indépendamment l'un de l'autre ! »

Les choses en étaient à ce point, lorsqu'en 1819, le physicien danois Œrsted annonça au monde savant un fait immense par lui-même, et surtout par les conséquences qu'on en a déduites ; un fait dont le souvenir se transmettra d'âge en âge, tant que les sciences seront en honneur parmi les hommes. Essayons de donner une idée nette et précise de cette découverte capitale.

La pile de Volta est terminée à ses extrémités, ou, si l'on veut, à ses deux *pôles,* puisque l'expression est convenue, par deux métaux dissemblables. Supposons, pour fixer les idées, que les éléments de cet admirable appareil soient du cuivre et du zinc : si le cuivre est à l'un des pôles, le zinc sera inévitablement au pôle opposé.

La pile, sauf quelques traces de tension, est, ou du moins semble complétement inerte, tant qu'en dehors des plaques qui la composent ses pôles ne sont pas mis en communication à l'aide d'une substance très-conductrice de l'électricité. Ordinairement, on se sert d'un fil métallique pour unir les deux pôles de la pile, ou, ce qui revient au même, pour mettre l'instrument en action. Ce fil prend alors le nom de *fil conjonctif.*

Le fil conjonctif, le fil aboutissant aux deux pôles, est traversé dans toute sa longueur par un *courant d'électricité qui circule sans cesse* le long du circuit fermé résultant de la réunion de ce fil et de la pile. Si la pile est très-forte, le courant l'est également.

Les physiciens savaient depuis longtemps imbiber un fil métallique isolé d'une forte quantité d'électricité en repos, d'électricité de tension, comme on dit dans les traités de physique ; ils savaient aussi faire traverser les fils métalliques, non isolés, *par de très-grandes quantités d'électricité* ; mais alors le passage était inévitablement brusque, instantané. Le premier moyen de réunir, en ce genre, l'intensité à la durée, c'est la pile qui l'a fourni. C'est avec la pile qu'on arrive à placer un fil, pendant des minutes, pendant des heures entières, dans l'état que les décharges des plus puissantes machines anciennes ne faisaient probablement durer qu'un millionième de seconde.

Le fil conjonctif d'une pile, le fil métallique à travers lequel *se meut sans cesse* une certaine quantité d'électricité, a-t-il, en conséquence de ce mouvement, acquis des propriétés nouvelles ? L'expérience d'Œrsted va répondre d'une manière éclatante.

Plaçons une certaine étendue d'un long fil métallique de cuivre, d'argent, de platine ou de tout autre métal sans action magnétique appréciable, au-dessus d'une boussole horizontale et *parallèlement à son aiguille*. La présence de ce fil sera sans nul effet. Ne changeons rien à cette première disposition, mais faisons aboutir, soit directement, soit par des intermédiaires longs ou courts, les deux extrémités du fil aux deux pôles d'une pile voltaïque. Transformons le fil isolé en fil conjonctif, en fil que parcourt un courant permanent d'électricité, à l'instant même l'aiguille de la boussole changera de direction : si la pile est faible, la déviation sera peu considérable. Supposez la pile très-forte, et, malgré l'action directrice de la terre, l'aiguille magnétique formera un angle de près de 90° avec sa position naturelle.

J'ai placé le fil conjonctif *au-dessus* de l'aiguille aimantée ; s'il était *en dessous*, les phénomènes seraient les mêmes sous le rapport des quantités, et précisément l'opposé quant au sens des déviations. Le fil conjonctif *en dessus* transporte-t-il le pôle nord de l'aiguille vers *l'ouest*, ce sera vers *l'est* que la déviation s'opérera quand, tout restant dans le même état, le fil se trouvera *au-dessous*. Remarquons encore que le fil ne conserve absolument rien de ces forces déviatrices dès qu'il cesse d'être conjonctif, dès que ses extrémités n'aboutissent plus au deux pôles de la pile.

Il faudrait manquer totalement du sens scientifique, pour ne pas comprendre ce qu'il y a d'extraordinaire, de capital dans les résultats que je viens d'énoncer, pour ne pas s'étonner de voir un fluide impondérable communiquer *passagèrement* des propriétés si énergiques au mince fil qu'il parcourt.

Ces propriétés, étudiées dans leurs caractères spécifiques, ne sont pas moins étonnantes.

Les enfants eux-mêmes le savent, on chercherait vainement à faire tourner un levier horizontal, autour du pivot sur lequel il repose par son centre, en le poussant ou en le tirant dans sa longueur, je veux dire suivant une ligne aboutissant au centre de rotation : l'action doit être nécessairement transversale. La perpendiculaire à la longueur du levier est même, de toutes les directions qu'on puisse adopter, celle qui exige le moins de force pour engendrer un mouvement donné. C'est exactement tout l'opposé de ces règles élémentaires de la mécanique que présente l'expérience de M. Œrsted.

Qu'on veuille bien, en effet, se le rappeler : quand les forces que le passage du courant électrique développe en chaque point du fil conjonctif se trouvent correspondre verticalement à l'axe même de l'aiguille, soit au-dessus, soit au-dessous, la déviation est à son maximum. L'aiguille reste en repos, au contraire, lorsque le fil se présente à elle dans une direction voisine de la perpendiculaire.

Telle est l'étrangeté de ces faits, que, pour les expliquer, divers physiciens eurent recours à un flux continu de matière électrique circulant autour du fil conjonctif, et produisant les déviations de l'aiguille par voie d'impulsion. Ce n'était rien moins, en petit, que les fameux tourbillons qu'avait imaginés Descartes pour rendre compte du mouvement général des planètes autour du soleil. Ainsi la découverte d'Œrsted semblait devoir faire reculer les théories physiques de plus de deux siècles.

Nous l'avons déjà dit, le célèbre physicien danois avait parfaitement remarqué que les déviations d'une aiguille de boussole horizontale approchent de plus en plus de 90 degrés, à mesure que la pile dont le fil conjonctif réunit les deux pôles croît en puissance. Des piles faibles, au contraire, n'occasionnent jamais que des mouvements peu sensibles. Quel rôle joue ici cette force mystérieuse qui semble résider dans les régions arctiques du globe, attirer à elle les corps aimantés d'une certaine manière et repousser les autres ? Pour quelle part contribue-t-elle à amoindrir les déviations, quand la pile a peu de puissance ?

Ampère aperçut, du premier coup d'œil, l'importance de la question, Ampère vit qu'il ne s'agissait pas d'un raffinement d'exactitude sans portée, Ampère comprit combien la solution du problème marquerait en traits caractéristiques les forces que l'expérience d'Œrsted mettait en jeu ; mais comment s'affranchir de l'action *directrice* du globe, comment l'éliminer, l'intercepter ?

Je vois quelques personnes sourire de ma question, et s'écrier ensuite : Des marins ne couvrent-ils pas, avec des lambeaux de voiles ou avec des manteaux, les canons en fer voisins de leurs boussoles, toutes les fois qu'ils veulent donner de l'exactitude aux observations de relèvements ? Des écrans doivent donc fournir également le moyen de soustraire une aiguille à l'action du magnétisme terrestre. Pour cela, il suffira, par exemple, de renfermer cette aiguille dans une sphère creuse de verre.

Je détruirai ces illusions d'un seul mot : on n'a pas encore trouvé de substance, mince ou épaisse, à travers laquelle l'action magnétique, comme celle de la pesanteur, ne s'exerce sans éprouver le moindre affaiblissement. Les voiles goudronnées ou non goudronnées, les manteaux dont certains marins couvrent les canons en fer, les boulets, les ancres, appartiennent aux mille et mille pratiques qu'enregistraient les traités de navigation, avant que la science y portât son flambeau. Malgré leur complète inutilité, elles se propagent, se perpétuent par la routine, puissance aveugle, et qui cependant gouverne le monde.

Au fond, la recherche d'Ampère n'exigeait pas (ce qui eût été impossible) que son appareil se trouvât complétement soustrait à l'action magnétique du globe ; il suffisait que cette action ne contrariât pas le mouvement de l'aiguille. Une réflexion si simple devint le trait de lumière qui dirigea l'illustre physicien ; elle fit naître un genre de boussoles dont les observateurs ne s'étaient pas encore avisés.

Jusque là, quand il fallait, si l'expression m'est permise, trouver l'orientation des forces magnétiques d'un lieu, c'était une aiguille horizontale, mobile sur un pivot fixe au centre d'un cercle divisé, également horizontal, qui donnait le résultat. Se proposait-on de connaître l'inclinaison de ces mêmes forces à l'horizon ? L'aiguille reposait alors, par les extrémités d'un axe transversal, sur deux plans d'agate horizontaux, et ses mouvements s'exécutaient parallèlement à un cercle *vertical* gradué. Le cercle gradué de la nouvelle boussole d'Ampère ne devait être ni horizontal, ni vertical. À Paris, son inclinaison à l'horizon était de 22 degrés. En chaque lieu, il aurait fallu adopter le complément à 90 degrés de ce qu'on appelle *l'inclinaison magnétique*.

Au centre de ce cercle incliné, se trouvait une pierre fine percée d'un trou où reposait l'une des extrémités de l'axe d'une aiguille, montée comme celles qui servent à la mesure de l'inclinaison. L'autre tourillon pénétrait dans un trou tout semblable, situé à l'extrémité d'une de ces pièces dont les horlogers font tant d'usage dans la construction des montres, et qu'ils appellent des ponts.

Supposons maintenant que le plan gradué soit perpendiculaire au méridien magnétique du lieu. La force du magnétisme terrestre agira perpendiculairement à l'aiguille aimantée. Sous cette action, une aiguille ne saurait affecter de direction spéciale. Ampère avait donc toute raison d'appeler son nouvel instrument, *astatique*.

L'aiguille *astatique* d'Ampère, mise en présence d'un fil conjonctif, se place, par rapport à ce fil, dans une direction exactement perpendiculaire, ni une seconde en plus, ni une seconde en moins ; et, chose éminemment remarquable, une électricité très-faible produit autant d'effet que le courant dont la forte intensité amène le métal à l'état d'incandescence.

Voilà une de ces lois simples que les sciences enregistrent dans leurs annales avec bonheur ; que l'esprit accueille avec confiance, et sur lesquelles les fausses théories vont inévitablement se briser.

La découverte d'Œrsted arriva à Paris par la Suisse. Dans notre séance hebdomadaire du lundi 11 septembre 1820, un académicien, qui venait de Genève, répéta devant vous les expériences du savant danois. Sept jours après, le 18 septembre, Ampère vous apportait déjà un fait beaucoup plus général que celui du physicien de Copenhague. Dans un si court intervalle de temps, il avait deviné que deux fils conjonctifs, que deux fils parcourus par des courants électriques, agiraient l'un sur l'autre ; il avait imaginé des dispositions extrêmement ingénieuses pour rendre ces fils mobiles, sans que les extrémités de chacun d'eux eussent à se détacher des pôles respectifs de leurs piles ; il avait réalisé, transformé ces conceptions en instruments susceptibles de fonctionner ; il avait, enfin, soumis son idée capitale à une expérience décisive. Je ne sais si le vaste champ de la physique offrit jamais une si belle découverte, conçue, faite et complétée avec tant de rapidité.

Cette brillante découverte d'Ampère, en voici l'énoncé :
Deux fils conjonctifs parallèles s'attirent quand l'électricité
les parcourt dans le même sens ; ils se repoussent, au
contraire, si les courants électriques s'y meuvent en sens
opposés.

Les fils conjonctifs de deux piles semblablement placées,
de deux piles dont les pôles cuivre et zinc se correspondent
respectivement, s'attirent donc toujours. Il y a, de même,
toujours répulsion, entre les fils conjonctifs de deux piles,
quand le pôle zinc de l'une fait face au pôle cuivre de
l'autre.

Ces singulières attractions et répulsions n'exigent pas que
les fils sur lesquels on opère appartiennent à deux piles
différentes. En pliant et repliant un seul fil conjonctif, on
peut faire en sorte que deux de ses portions en regard soient
traversées par le courant électrique, ou dans le même sens,
ou dans des sens opposés. Les phénomènes sont alors
absolument identiques à ceux qui résultent des courants
provenant de deux sources distinctes.

Dès leur naissance, les phénomènes d'Œrsted avaient été
justement appelés électro-magnétiques. Ceux d'Ampère,
puisque l'aimant n'y joue aucun rôle direct, durent prendre
le nom plus général de phénomènes *électrodynamiques*.

Les expériences du savant français n'échappèrent pas,
dans les premiers moments, aux critiques que l'envie
réserve à tout ce qui a de la nouveauté, de l'importance, de
l'avenir. On voulut d'abord ne voir, dans les attractions et
les répulsions des courants, qu'une modification à peine

sensible des attractions et des répulsions électriques ordinaires, connues depuis le temps de Dufay. Sur ce point, les réponses de notre confrère furent promptes, décisives.

Les corps semblablement électrisés se repoussent ; les courants semblables s'attirent. Les corps inversement électrisés s'attirent ; les courants inverses se repoussent.

Deux corps semblablement électrisés s'écartent l'un de l'autre, dès le moment qu'ils se sont touchés ; deux fils traversés par des courants semblables, restent attachés comme deux aimants, si on les amène au contact.

Aucun subterfuge au monde n'aurait pu résister à cette argumentation serrée.

Une autre classe d'*objectionneurs* embarrassa plus sérieusement notre confrère. Ceux-ci étaient en apparence charitables : à les en croire, ils appelaient de tous leurs vœux, mais sans espoir, la solution d'une grande difficulté. Ils souffraient sincèrement, disaient-ils, en voyant si promptement s'évanouir la gloire dont ces nouvelles observations auraient entouré le nom d'Ampère !

L'insurmontable difficulté, voici à très-peu près comment on la formulait :

Deux corps qui, séparément, ont la propriété d'agir sur un troisième, ne sauraient manquer d'agir l'un sur l'autre. Les fils conjonctifs, d'après la découverte d'Œrsted, agissent sur l'aiguille aimantée ; donc, deux fils conjonctifs doivent s'influencer réciproquement ; donc, les mouvements d'attraction ou de répulsion qu'ils éprouvent quand on les met en présence, sont des déductions, des conséquences nécessaires de l'expérience du physicien danois ; donc, on aurait tort de ranger les observations d'Ampère parmi les faits primordiaux qui ouvrent aux sciences des voies entièrement nouvelles.

L'action est égale à la réaction ! Il y avait, dans la phraséologie que je viens de rapporter, un faux air de ce principe incontestable de mécanique qui séduisit beaucoup d'esprits. Ampère répondait en posant à ses adversaires le défi de déduire des expériences d'Œrsted, d'une manière un tant soit peu plausible, le *sens* de l'action mutuelle de deux courants électriques ; mais quoiqu'il mît beaucoup de vivacité dans sa demande, personne ne s'avoua vaincu.

Le moyen infaillible de réduire au silence cette opposition passionnée, de saper ses objections par la base, était de citer un exemple où deux corps qui, séparément, agiraient sur un troisième, n'exerceraient, néanmoins, aucune action l'un sur l'autre. Un ami d'Ampère fit remarquer que le magnétisme offrait un phénomène de ce genre. Il dit aux bienveillants antagonistes du grand géomètre : « Voilà deux clefs en fer doux. Chacune d'elles attire cette boussole : si vous ne me prouvez pas que, mises en présence l'une de l'autre, ces clefs s'attirent ou se repoussent, le point de départ de toutes vos objections est faux. »

Dès ce moment, les objections furent abandonnées, et les actions réciproques des courants électriques prirent définitivement la place qui leur appartenait, parmi les plus belles découvertes de la physique moderne.

Une fois sorti des questions d'originalité, de priorité, toujours plus pénibles par ce qui est sous-entendu que parce qu'on dit ouvertement, Ampère chercha avec ardeur une théorie claire, rigoureuse, mathématique, qui comprît dans un lien commun les phénomènes électrodynamiques, déjà à cette époque très-nombreux et très variés. La recherche était hérissée de difficultés de tout genre. Ampère les surmonta par des méthodes où brille à chaque pas le génie d'invention. Ces méthodes resteront comme un des plus précieux modèles dans l'art d'interroger la nature, de saisir au milieu des formes complexes des phénomènes, les lois simples dont ils dépendent.

Éblouies par l'éclat, la grandeur, la fécondité de la loi de l'attraction universelle, cette immortelle découverte de Newton, les personnes peu au courant des connaissances mathématiques s'imaginent que, pour faire rentrer ainsi les mouvements planétaires dans le domaine de l'analyse, il a fallu surmonter des obstacles mille fois supérieurs à ceux que rencontre le géomètre moderne quand, lui aussi, il veut, à l'aide du calcul, suivre dans toutes leurs ramifications les divers phénomènes découverts et étudiés par les physiciens. Cette opinion, quelque générale qu'elle soit, n'en est pas moins une erreur. La petitesse des planètes, si on les compare au soleil, l'immensité des distances, la forme à peu près sphérique des corps célestes, l'absence de toute matière capable d'opposer une résistance sensible dans les vastes régions où les orbites elliptiques se développent, sont autant de circonstances qui simplifiaient extrêmement le problème, et le faisaient presque rentrer dans les abstractions de la mécanique rationnelle. Si, au lieu de mouvements de planètes, je veux dire de corps très-éloignés pouvant être censés réduits à de simples points, on n'avait eu pour guide que les phénomènes d'attraction de polyèdres irréguliers, agissant l'un sur l'autre a de petites distances, les lois de la pesanteur universelle resteraient peut-être encore à découvrir.

Ce peu de mots suffira pour faire entrevoir les obstacles réels qui rendent les progrès de la physique mathématique si lents ; on ne s'étonnera plus d'apprendre que la propagation du son ou des vibrations lumineuses, que le mouvement des ondes légères qui rident la surface d'un liquide, que les courants atmosphériques déterminés par des inégalités de pression et de température, etc., etc., sont beaucoup plus difficiles à calculer que la course majestueuse de Jupiter, de Saturne ou d'Uranus.

Parmi les phénomènes de la physique terrestre, ceux qu'Ampère se proposait de débrouiller étaient certainement au nombre des plus complexes. Les attractions, les répulsions observées entre des fils conjonctifs, résultent des attractions ou des répulsions de toutes leurs parties. Or le passage du total à la détermination des éléments nombreux et divers qui le composent, en d'autres termes, la recherche de la manière dont varient les actions mutuelles de deux parties infiniment petites de deux courants, quand on change leurs distances et leurs inclinaisons relatives, offrait des difficultés inusitées.

Toutes ces difficultés ont été vaincues. Les quatre états d'équilibre à l'aide desquels l'auteur a débrouillé les phénomènes s'appelleront les lois d'Ampère, comme nous donnons le nom de lois de Képler aux trois grandes conséquences que ce génie supérieur déduisit des observations de Tycho.

Les oscillations dont Coulomb tira un si grand parti dans la mesure des petites forces magnétiques ou électriques, exigent impérieusement que les corps en expérience soient suspendus à un fil *unique* et sans torsion. Le fil conjonctif ne peut se trouver dans cet état, puisque, sous peine de perdre toute vertu, il doit être en communication permanente avec *les deux* pôles de la pile.

Les oscillations donnent des mesures précises, mais à la condition expresse d'être nombreuses : les fils conjonctifs d'Ampère ne pourraient manquer d'arriver au repos après un très-petit nombre d'oscillations.

Le problème paraissait vraiment insoluble, lorsque notre confrère vit qu'il arriverait au but en observant divers états d'équilibre entre des fils conjonctifs de certaines formes placés les uns devant les autres. Le choix de ces formes était la chose capitale ; c'est en cela surtout que le génie d'Ampère va se manifester d'une manière éclatante.

Il enveloppe d'abord de soie deux portions égales d'un même fil conjonctif fixe ; il plie ce fil de manière que ses deux portions recouvertes viennent se juxta-poser, et soient traversées en sens contraire par le courant d'une certaine pile ; il s'assure que ce système de deux courants égaux, mais inverses, n'exerce aucune action sur le fil conjonctif le plus délicatement suspendu, et prouve ainsi que la force attractive d'un courant électrique donné est parfaitement égale à la force de répulsion qu'il exerce quand le sens de sa marche se trouve mathématiquement renversé.

Ampère suspend ensuite un fil conjonctif très-mobile, justement au milieu de l'intervalle compris entre deux fils conjonctifs fixes qui, étant traversés dans le même sens par un seul et même courant, doivent tous deux repousser le fil intermédiaire. L'un de ces fils fixe est droit, l'autre est plié, contourné, présente cent petites sinuosités. Établissons les communications nécessaires au jeu des courants, et le fil mobile intermédiaire s'arrêtera au milieu de l'intervalle des fils fixes, et si vous l'en écartez, il y reviendra de lui-même : tout est donc égal de part et d'autre. Un fil conjonctif droit et un fil conjonctif sinueux, quoique leurs longueurs développées puissent être très-différentes, exercent donc des actions exactement égales s'ils ont des extrémités communes.

Dans une troisième expérience, Ampère constate qu'un courant fermé quelconque, ne peut faire tourner une portion circulaire de fil conjonctif autour d'un axe perpendiculaire à cet arc et passant par son centre.

La quatrième et dernière expérience fondamentale de notre confrère offre un cas d'équilibre où figurent trois circuits circulaires suspendus, dont les centres sont en ligne droite et les rayons en proportion géométrique continue.

Notre confrère s'est servi de ces quatre lois pour déterminer ce qu'il avait laissé d'arbitraire dans la formule analytique la plus générale possible qu'on pût imaginer pour exprimer l'action mutuelle de deux éléments infiniment petits de deux courants électriques.

Une comparaison savante de la formule générale avec l'observation des quatre cas d'équilibre, montre que l'action réciproque des éléments de deux courants s'exerce suivant la ligne qui unit leurs centres ; qu'elle dépend de l'inclinaison mutuelle de ces éléments, et qu'elle varie d'intensité dans le rapport inverse des carrés des distances.

Grâce aux profondes recherches d'Ampère, la loi qui régit les mouvements célestes, la loi que Coulomb étendit aux phénomènes d'électricité de tension ou stationnaire, et même, quoique avec moins de certitude, aux phénomènes magnétiques, devient un des traits caractéristiques des actions exercées par l'électricité en mouvement.

La formule générale qui donne la valeur des actions mutuelles des éléments infiniment petits de courants une fois connue, la détermination des actions totales de courants finis de diverses formes devenait un simple problème d'analyse différentielle ; Ampère ne pouvait manquer de poursuivre ces applications de sa découverte. Il chercha d'abord comment un courant rectiligne agit sur un système de courants circulaires fermés, contenus dans des plans perpendiculaires au courant rectiligne. Le résultat du calcul, confirmé par l'expérience, fut que les plans des courants circulaires devaient, en les supposant mobiles, aller se ranger parallèlement au courant rectiligne. Si une aiguille aimantée avait sur toute sa longueur de semblables courants transversaux, la direction en croix qui, dans les expériences d'Œrsted, complétées par Ampère, paraissait une inexplicable anomalie, deviendrait un fait naturel et nécessaire. Voit-on quelle mémorable découverte ce serait, d'établir rigoureusement, qu'aimanter une aiguille c'est exciter, c'est mettre en mouvement autour de chaque molécule de l'acier un petit tourbillon électrique circulaire ? Ampère sentait parfaitement l'immense portée de l'assimilation ingénieuse qui s'était emparée de son esprit ; aussi s'empressa-t-il de la soumettre à des épreuves expérimentales et à des vérifications numériques, les seules que, de nos jours, on regarde comme entièrement démonstratives.

Il semble bien difficile de créer un faisceau de courants circulaires fermés qui jouisse d'une grande mobilité ; Ampère se borna à imiter cette composition et cette forme, en faisant circuler un seul courant électrique dans un fil enveloppé de soie, et plié en hélice à spires très serrées. La ressemblance entre les effets de cet appareil et ceux d'un aimant fut très-grande, et encouragea l'illustre académicien à se livrer au calcul difficile, minutieux, des actions des circuits fermés parfaitement circulaires.

En partant de l'hypothèse que de pareils circuits existent autour des particules des corps aimantés, Ampère retrouva, quant aux actions élémentaires, les lois de Coulomb. Ces lois, maniées avec la plus grande habileté par un illustre géomètre, ont expliqué tous les faits connus de la science magnétique ; l'hypothèse d'Ampère les représente donc avec une égale exactitude.

La même hypothèse, enfin, appliquée à la recherche de l'action qu'un fil conjonctif rectiligne exerce sur une aiguille aimantée, conduit analytiquement à la loi que M. Biot a déduite d'expériences extrêmement délicates.

Si, avec la presque unanimité des anciens physiciens, on veut encore considérer l'acier comme composé de molécules solides dans chacune desquelles existent deux fluides de propriétés contraires, fluides combinés et se neutralisant quand le métal n'est point magnétique, fluides séparés plus ou moins quand l'acier est plus ou moins aimanté, la théorie satisfera, jusque dans les particularités numériques les plus subtiles, à tout ce qu'on connaît aujourd'hui du magnétisme ordinaire. Cette théorie seulement est muette, relativement à l'action d'un aimant sur un fil conjonctif, et plus encore, s'il est possible, quant à l'action que deux de ces fils exercent l'un sur l'autre.

Si, au contraire, nous prenons, avec Ampère, l'action de deux courants pour le fait primordial, les trois classes de phénomènes dépendront d'un principe, d'une cause unique. L'ingénieuse conception de notre confrère possède ainsi deux des caractères les plus saillants des vraies lois de la nature : la simplicité et la fécondité.

Dans toutes les expériences magnétiques tentées avant la découverte d'Œrsted, la terre s'était comportée comme un gros aimant. On devait donc présumer qu'à la manière des aimants, elle agirait sur des courants électriques. L'expérience, cependant, n'avait pas justifié la conjecture ; appelant à son aide la théorie électro-dynamique et la faculté d'inventer des appareils, qui s'était révélée en lui d'une manière si éclatante, Ampère eut l'honneur de combler l'inexplicable lacune.

Pendant plusieurs semaines, les physiciens nationaux et étrangers purent se rendre en foule dans un humble cabinet de la rue des Fossés-Saint-Victor, et y voir avec étonnement un fil conjonctif de platine qui s'orientait par l'action du globe terrestre.

Qu'eussent dit Newton, Halley, Dufay, Æpinus, Franklin, Coulomb, si quelqu'un leur avait annoncé qu'un jour viendrait où, à défaut d'aiguille aimantée, des navigateurs pourraient se diriger en observant des courants électriques, des fils électrisés ?

L'action de la terre sur un fil conjonctif est identique, dans toutes les circonstances qu'elle présente, avec celle qui émanerait d'un faisceau de courants ayant son siége dans le sein de la terre, au sud de l'Europe, et dont le mouvement s'opérerait, comme la révolution diurne du globe, de l'ouest à l'est. Qu'on ne dise donc pas que les lois des actions magnétiques étant les mêmes dans les deux théories, il est indifférent d'adopter l'une ou l'autre. Supposez la théorie d'Ampère vraie, et la terre, dans son ensemble, est inévitablement une vaste pile voltaïque, donnant lieu à des courants dirigés comme le mouvement diurne ; et le Mémoire où se trouve ce magnifique résultat, va prendre rang, sans désavantage, à côté des immortels travaux qui ont fait de notre globe une simple planète, un ellipsoïde aplati à ses pôles, un corps jadis incandescent dans toutes ses parties, incandescent encore aujourd'hui à de grandes profondeurs, mais ne conservant plus à sa surface aucune trace appréciable de cette chaleur d'origine.

On a prétendu que les belles conceptions d'Ampère, dont je viens de donner une analyse si détaillée, furent accueillies froidement ; on a dit que les géomètres et les physiciens français s'étaient montrés peu enclins à les admettre ou même à les étudier ; que l'Académie, à l'exception d'un seul de ses membres, dominée par des préventions, refusa longtemps de se rendre à l'évidence ?

Ces reproches sont arrivés au public par un organe éloquent et éminemment honorable. Je n'ai donc pas la liberté de les laisser sans réponse.

Les *expériences* d'Ampère, dès leur apparition, furent l'objet de critiques sévères que j'ai citées, et bientôt après d'une admiration universelle. Quant aux calculs compliqués et savants, aux déductions théoriques si délicates dont je viens d'essayer de vous faire entrevoir l'immense portée, ils ne pouvaient guère avoir que les géomètres pour juges compétents et éclairés. Or, est-il juste de dire que les géomètres français firent défaut à notre illustre confrère, lorsque, bien près de la naissance de l'électro-dynamisme, nous trouvons M. Savary complétant un point très-important de cette théorie ; lorsque nous voyons M. Liouville s'attachant à en simplifier les bases, à les rendre plus rigoureuses ; lorsque dans la rédaction des parties les plus difficiles de son grand Mémoire, Ampère à M. Duhamel pour collaborateur empressé ?

Est-il vrai, d'ailleurs, que la formule d'Ampère ne présentât aucune circonstance dont les géomètres pussent justement s'étonner ? Ceux qui avaient fait le plus fréquent usage des théories newtoniennes, ne devaient-ils pas être inquiets en voyant des lignes trigonométriques relatives aux inclinaisons respectives des *éléments infiniment petits* des courants électriques, dans l'expression générale des actions mutuelles de ces éléments ? Quand de nouveaux phénomènes paraissent sortir si complétement des voies connues, quelque hésitation n'est-elle pas naturelle ? Cette hésitation n'eut rien d'extraordinaire, d'exceptionnel ou d'outré de la part des savants qui l'éprouvèrent. Peu d'années auparavant, les ondes lumineuses transversales de Fresnel avaient soulevé les mêmes doutes, les mêmes incertitudes, et de la part des mêmes personnes, quoiqu'elles semblassent une conséquence plus évidente encore, une traduction plus directe, plus immédiate, plus facile à vérifier, des *faits* d'interférence que présentent les rayons polarisés.

En thèse générale, ne nous plaignons pas du culte que vouent généralement les hommes aux idées sous l'action desquelles leur intelligence s'est développée. En pareille matière, il est naturel, il est juste, il est moral de ne changer qu'à bon escient. Envisagées du point de vue scientifique, les critiques, les difficultés de toute nature dont on accable si souvent les novateurs, ont une utilité réelle : elles réveillent la paresse ; elles triomphent de l'indolence. Il n'est pas jusqu'à la jalousie qui, avec sa cruelle, sa hideuse perspicacité, ne devienne une cause de progrès. On peut s'en fier à elle de la découverte des lacunes, des taches, des imperfections que l'auteur, même le plus soigneux, laisse inévitablement échapper. Le contrôle qu'elle exerce, pour qui ne dédaigne pas d'en profiter, vaut cent fois celui du meilleur ami. On ne lui doit sans doute aucune reconnaissance, puisque son lot est de rendre service sans le vouloir ; mais ce serait, d'autre part, une faiblesse de s'apitoyer outre mesure sur les ennuis qu'elle suscite aux hommes de génie. Gloire et tranquillité d'esprit marchent rarement de compagnie ! Celui à qui il faut une grande place dans le monde matériel ou dans le monde des idées, doit s'attendre à y trouver pour adversaires les premiers occupants. Les petites choses et les petits esprits ont seuls le privilége de trouver, à point nommé, de petites cases dont personne ne soi ge à leur disputer la possession !

La discussion reposait sur des considérations très-délicates. Si l'on voulait, par exemple, trouver la ressemblance entre la disposition des viscères chez un mollusque céphalopode et la disposition des viscères de l'homme, il fallait concevoir celui-ci plié en arrière à la hauteur du nombril, de manière que le bassin et les membres inférieurs allassent se souder aux parties voisines de la nuque ; il fallait, de plus, se figurer l'homme marchant sur la tête. D'autres comparaisons exigeaient qu'un des deux animaux fût censé retourné comme un gant ; que le squelette osseux passât du dedans au dehors, que d'enveloppe il devînt enveloppant, etc., etc.

Les membres des sections mathématiques de l'Académie ne pouvaient guère prendre, dans un débat si subtil, que le rôle d'auditeurs attentifs. Ampère, le seul Ampère, se jeta dans l'arène tête baissée. Mais aussi il se trouvait que les idées si vivement combattues par Cuvier, et dont notre honorable confrère Geoffroy-Saint-Hilaire se portait le défenseur non moins décidé, Ampère les avait déjà eues en 1803.

Le savant secrétaire de l'Académie, terminant au Collége de France son cours de l'histoire des sciences au XIXe siècle, fut naturellement conduit à parler de la secte allemande connue sous le nom de *philosophes de la nature.*

Les principes des philosophes de la nature, du moins en ce qui touche à l'unité de composition des animaux, lui paraissaient erronés et il les combattit. Ampère était au nombre des auditeurs de notre illustre confrère. Si, de même qu'à l'École normale conventionnelle, les élèves avaient eu le droit d'interpeller les professeurs, chaque leçon du cours de Cuvier se serait certainement terminée par un débat animé et instructif ; mais les règlements interdisaient impérieusement cette innovation. Ampère n'était pas homme à se laisser décourager par de semblables difficultés. Les usages ne lui accordent pas la parole dans l'amphithéâtre où Cuvier développe ses idées ; ce sera en face, sans sortir de l'enceinte du collége fondé par François I_{ER}, si ce n'est le même jour, du moins dans la même semaine, à l'occasion de son cours de *Mathésiologie,* qu'Ampère se placera franchement, quant au point le plus capital de la zoologie philosophique, en adversaire décidé du premier naturaliste de l'Europe. Dans chacune de ses leçons, on entendra la critique détaillée, minutieuse, de la précédente leçon de Cuvier. Mais, en revanche, Cuvier, à qui Frédéric son frère, un des auditeurs du cours de mathésiologie, analysera l'argumentation d'Ampère, en fera périodiquement le texte d'une de ces leçons dont le Collége de France conservera longtemps le glorieux souvenir, et où brilleront au même degré le talent d'exposition, la connaissance détaillée des faits et, faut-il l'avouer, l'art de rendre le sarcasme incisif, sans franchir les limites d'une critique de bon ton. Chaque semaine, Ampère semblera terrassé sous les coups de ce nouvel Hercule ; et chaque semaine aussi, comme l'Antée de la fable, on le trouvera prêt à soutenir d'autres combats, non toutefois sans avoir quelque peu et fort habilement changé de terrain entre deux assauts successifs.

Pour supposer qu'Ampère considéra cette lutte comme un tournoi d'apparat et sans conséquence, il a fallu admettre, contre toute raison, contre toute probabilité, que, mettant volontairement un bandeau sur ses yeux, il n'apercevait pas que, dans les mains de Cuvier, des armes émoussées elles-mêmes feraient de douloureuses blessures. Empressons-nous de le dire, Ampère savait parfaitement combien son adversaire était redoutable ; si malgré cela, il passa outre, ce fut pour remplir ce qui lui paraissait être un devoir de conscience. En juillet 1824, notre confrère fit imprimer, mais sans livrer son nom au public, une théorie de l'organisation des animaux articulés. Dans ce travail, après s'être emparé d'un type unique, il le poursuivait, à travers mille déguisements, dans la multitude d'espèces dont le règne animal se compose. Il cherchait, par exemple, comment on ferait du papillon léger le lourd crapaud, et du crapaud la baleine colossale. Les critiques de Cuvier s'adressaient donc à Ampère tout aussi bien qu'aux philosophes de la nature ou à Geoffroy-Saint-Hilaire, et notre ami, sous peine de mettre sa tranquillité personnelle au-dessus des intérêts de la science, devait renoncer aux privilèges de l'anonyme. Il accomplit cette obligation, sans aigreur, mais avec fermeté ; il ne prit aucun souci des nombreux inconvénients attachés à la position que les circonstances venaient de lui faire ; il ne se laissa même pas détourner de son but par ce que les hommes redoutent le plus en France : le ridicule.

Je me rappelle encore le dialogue qui s'établit un jour, en ma présence, entre M. Ampère et un académicien, adversaire décidé de l'unité de composition, et dont les spirituelles saillies étaient fort redoutées de ses connaissances, et même peut-être de ses amis. J'en rapporterai le commencement.

« Eh bien, monsieur Ampère, vous aussi vous prétendez que, sous le point de vue anatomique, maître corbeau, sur un arbre perché, ne différait pas de l'animal cauteleux et rusé qui lui soutira son fromage ; vous aussi, vous croyez que

Le héron au long bec emmanché d'un long cou

n'est qu'une simple modification de la commère la carpe, dont il avait si sottement dédaigné de faire son dîner ; vous aussi, vous trouvez que le fabuliste commettait une hérésie en histoire naturelle quand il disait :

> Mais le rat sortant de sa cage
> Lui fit voir en moins d'un instant
> Qu'un rat n'est pas un éléphant

— Oui, Monsieur, oui, répliqua Ampère, tout ce que vous venez d'enregistrer comme des impossibilités, je l'admets. Les détails en ce genre seraient superflus ! Après des études consciencieuses, je me suis attaché à un principe singulier en apparence, et que le temps, néanmoins, fera prévaloir ; au principe que l'homme est formé sur un plan qui se retrouve dans tous les animaux sans exception. — À merveille, monsieur Ampère ; votre système a un mérite incontestable et rare ; il est clair et catégorique. Je vous attends donc à l'escargot ! »

Ampère prit lui-même, pendant quelques secondes, sa bonne part de la gaieté que cette saillie provoqua parmi toutes les personnes présentes ; mais bientôt il entra sérieusement dans la question risible qu'on venait de lui présenter ; il la traita avec une grande profondeur ; il montra des connaissances si étendues en anatomie et en histoire naturelle, il signala des ressemblances, des analogies tellement ingénieuses, là où les premiers pas semblaient devoir conduire à l'absurde, que, pour l'honneur de l'espèce humaine, nous nous surprîmes à regretter que le terme de comparaison offert à Ampère eût été pris si bas dans l'échelle animale.

C'est par la lecture de *l'Encyclopédie du* XVIIIe*siècle* qu'Ampère entra dans la vie littéraire ; c'est par la rédaction du plan d'une encyclopédie nouvelle que sa vie littéraire se termina. La partie la plus essentielle du vaste plan de notre confrère était un projet de classification de toutes les connaissances humaines.

Molière mettait jadis en question, par la bouche d'un des personnages de ses immortelles comédies, s'il faut dire la figure ou la forme d'un chapeau ; c'était se demander si l'on doit mettre les chapeaux dans la classe des formes ou dans celle des figures.

L'abus des classifications ne saurait être signalé d'une manière à la fois plus profonde et plus comique. Remontez au temps de Molière, ou même seulement aux premières années du XVIIIe siècle, et vous verrez que le grand poëte ne s'attaquait pas à un vain fantôme ; et vous serez frappés des plus étranges associations d'idées, et vous trouverez les classificateurs obéissant à des analogies, à des rapprochements vraiment burlesques ; et, par exemple, dans la *Société des arts*, créée par un prince du sang, par le comte de Clermont, société qui réunissait à la fois les sciences, les lettres et *les arts mécaniques*, l'historien sera, le plus sérieusement du monde, classé avec le brodeur, le poëte avec le teinturier, etc., etc.

En toute chose, au surplus, l'abus n'est pas l'usage ; voyons donc si c'est à l'usage qu'Ampère s'est arrêté dans l'ouvrage encore à moitié inédit, qu'il a composé à la fin de sa vie, sous le titre *d'Essai sur la philosophie des sciences, ou exposition analytique d'une classification naturelle de toutes les connaissances humaines.*

Ampère se proposait la vaste et célèbre question dont la solution avait été déjà tentée par Aristote, Platon, Bacon, Leibnitz, Locke, d'Alembert, etc.

Les efforts infructueux de tant d'hommes de génie sont une démonstration convaincante de la difficulté du problème ; prouvent-ils aussi complétement son utilité ?

Aristote prétendait que tous les objets pouvaient être renfermés dans *dix catégories.* Si je rappelais combien de fois elles ont été remaniées, on me répondrait sans doute, et avec raison, que c'était une conséquence nécessaire et prévue des progrès de l'esprit humain. Je poserais certainement une question plus embarrassante en demandant à quoi les catégories ont servi.

On a déjà vu ce qu'en pensait Molière. Voici l'opinion de l'auteur célèbre de la *Logique de Port-Royal* : « L'étude des catégories *ne peut être que dangereuse,* en ce qu'elle accoutume les hommes à se payer de mots, et à croire qu'ils savent toutes choses, lorsqu'ils ne connaissent que des noms arbitraires. »

À cette critique exorbitante, si elle était tombée sous ses yeux, Ampère aurait répondu :

Qu'une classification naturelle des sciences serait le type sur lequel devraient scrupuleusement se modeler les sections d'un Institut qui prétendrait représenter l'universalité des connaissances humaines ;

Qu'une classification naturelle des sciences indiquerait les vraies coupures des divers dictionnaires d'une encyclopédie méthodique bien ordonnée ;

Qu'une classification naturelle des sciences présiderait à une distribution rationnelle des livres, dans les grandes bibliothèques, objet assez capital pour que Leibnitz l'ait étudié longtemps, et avec le plus grand soin ;

Qu'une classification naturelle des sciences ferait une heureuse révolution dans l'enseignement.

Tout cela est juste et vrai. Malheureusement les principes qui, à *priori*, semblaient devoir conduire aux classifications naturelles, ont assimilé, groupé, réuni les connaissances les plus disparates.

Si vous prenez l'arbre encyclopédique de Bacon et de d'Alembert, ce tableau fondé sur l'hypothèse, contre laquelle aucune objection ne s'était élevée, que l'intelligence humaine peut se réduire à trois seules facultés, la mémoire, la raison, l'imagination, vous serez conduit, dans la grande division des connaissances dépendantes de la mémoire, à placer l'histoire des minéraux et des végétaux avec l'histoire civile ; dans les sciences du domaine de la raison, la métaphysique sera associée à l'astronomie, à la morale, à la chimie.

Suivez Locke, ou plutôt Platon, et la théologie marchera à côté de l'optique. Divisez, comme le font aujourd'hui les écoles de Rome, l'ensemble de nos connaissances en trois règnes, les sciences *d'autorité*, les sciences de *raison*, les sciences *d'observation*, et des anomalies presque risibles surgiront aussi à chaque pas.

On ne rencontre point ces graves défauts dans la classification d'Ampère. Là tout ce qui a de l'analogie est uni, tout ce qui diffère est séparé. L'auteur ne crée pas, au gré de son imagination, de prétendues facultés fondamentales pour en faire la base d'un système sans solidité. Ses deux points de vue principaux, ses deux *règnes*, sont l'étude du monde, la *cosmologie*, l'étude de la pensée, *l'ontologie*.

Les sciences *cosmologiques* se divisent, à leur tour, en deux sous-règnes, savoir les sciences qui traitent des objets inanimés, et les sciences qui envisagent seulement les objets animés. Le premier sous-règne des sciences cosmologiques donne lieu à deux embranchements : les sciences mathématiques, les sciences physiques. En poursuivant cette division toujours par deux, Ampère n'arrive à rien moins qu'à former un tableau où l'ensemble des sciences et des arts se trouve disposé

En deux règnes,

En quatre sous-règnes ;

En huit embranchements,

En seize sous-embranchements ;

En trente-deux sciences du premier ordre,

En soixante-quatre du second ordre,

En cent vingt-huit du troisième ordre.

Cent vingt-huit sciences ! Voilà donc ce qu'il faudrait étudier pour être au fait de l'ensemble des connaissances humaines ! Ce nombre si considérable ne doit-il pas être à la fois un sujet de découragement pour les individus considérés isolément, et un juste sujet d'orgueil pour l'espèce humaine ? Ni l'un, ni l'autre. Ampère n'est arrivé à trouver cent vingt-huit sciences distinctes dans les résultats des travaux accumulés de quarante siècles, qu'en dépeçant, qu'en morcelant ce qu'on avait jusqu'ici laissé réuni ; qu'en transformant en sciences séparées de simples chapitres des sciences actuelles ; qu'en leur appliquant des noms qui ont trouvé plus d'un contradicteur, tels que *canolbologie*, *cybernétique*, *terpnognosie*, *lechnesthétique*, etc., etc.

Resterait à examiner si les nouvelles divisions ne sont pas trop nombreuses ; si elles ajouteraient à la clarté, genre de mérite qu'on doit rechercher à tout prix ; si elles introduiraient quelques facilités dans l'enseignement.

Il n'est presque pas de professeur qui ne comprenne aujourd'hui que le cours le plus élémentaire d'astronomie doit offrir d'abord aux étudiants la description des mouvements apparents des corps célestes ; que, dans une seconde section, il faut remonter des apparences à la réalité ; qu'une troisième section, enfin, doit être consacrée à la recherche et à l'étude de la cause physique de ces mouvements. Ce sont là trois parties d'un seul et même tout. Je ne vois pas, je l'avoue, ce qu'on gagnerait à faire de la première section, du premier cours du chapitre ou du traité une science à part, l'*uranographie* ; de diviser le second chapitre en deux autres sciences, l'*héliostalique* et l'*astronomie*.

Notre illustre confrère bannit du cours de *physique* générale l'étude comparative des modifications que les phénomènes éprouvent en divers lieux et en divers temps. Si c'est d'une étude approfondie qu'il entend parler, la thèse peut être soutenue. Dans la supposition contraire, on ne concevrait pas comment, après avoir annoncé qu'aujourd'hui, à Paris, la pointe nord de l'aiguille aimantée décline de 22° à l'occident du nord, le professeur s'arrêterait tout à coup et laisserait à son confrère, professeur de géographie physique, la mission de dire, l'année d'après peut-être, qu'à Paris, avant 1666, la déclinaison était orientale ; qu'en 1666 les observateurs la trouvèrent nulle ; qu'elle n'est pas la même dans tous les lieux, et que dans chaque lieu considéré isolément, elle éprouve une oscillation diurne autour de sa position moyenne.

Ampère trouve inadmissible la réunion qu'on a faite dans l'enseignement, de la *matière médicale* et de la thérapeutique. Il est très-vrai que connaître les propriétés des médicaments, c'est tout autre chose que savoir les appliquer ; mais, quand on considère que les propriétés dont il s'agit ne seraient guère étudiées si elles ne devaient pas servir à soulager l'humanité souffrante ; que la réunion du point de vue abstrait au point de vue d'application, soutient l'intérêt et fait gagner du temps, on revient à ce qui d'abord avait semblé défectueux. « La vie est courte et l'art est long. » Ces mémorables paroles d'Hippocrate, dont, pour le dire en passant, la matière médicale et la thérapeutique réunies ou séparées ne sont pas encore parvenues à affaiblir la vérité, méritent bien aussi qu'on en tienne quelque compte dans la distribution des études de la jeunesse.

Ampère pensait être arrivé, dans sa classification, à éviter entièrement les redites ; il se flattait que désormais chaque science pourrait être étudiée sans aucune trace de cercles vicieux ; que jamais dans cette étude, on n'aurait besoin de recourir aux sciences qui figurent après sur le tableau synoptique.

Un illustre métaphysicien ne croyait cette marche méthodique complétement possible, que dans le domaine des sciences mathématiques abstraites : « Il faut, disait-il, de l'équité dans les lecteurs, et qu'ils fassent crédit pour quelque temps, s'ils veulent qu'on les satisfasse ; car il n'y a que les géomètres qui puissent toujours payer comptant. »

Ampère, suivant l'expression de Malebranche, paierait-il toujours comptant, même dans les mathématiques appliquées ? Si le temps me le permettait, je prouverais aisément, je crois, que, sur ce point, notre illustre confrère s'est fait illusion. Dans son tableau, je verrais, par exemple, l'astronomie avant la physique, et, conséquemment avant l'optique ; mais alors, dès les premières leçons d'uranographie, dès la première étude du mouvement diurne du ciel, comment le professeur expliqueraitil l'usage de la lunette, du réticule placé au foyer commun de l'objectif et de l'oculaire ? Que dirait-il, sans demander crédit, des réfractions atmosphériques qui déforment si sensiblement les orbites circulaires diurnes des étoiles ? Tous les astronomes trouveraient avec moi également peu naturel que l'hémostatique, ou la démonstration du système de Copernic, précédât l'exposition des lois de Képler, considérées comme simple résultat de l'observation.

Ces remarques, je pourrais les multiplier, mais elles n'empêcheraient pas la classification d'Ampère d'être très-supérieure à toutes celles qui l'avaient précédée ; de n'exiger, peut-être, que des suppressions, que des remaniements de peu d'importance, pour acquérir toute la perfection compatible avec la nature du sujet. Dès ce moment, on peut le dire sans hésiter, elle offre dans ses diverses parties, l'empreinte indélébile d'un savoir également prodigieux par l'étendue et par la profondeur.

Ampère n'avait pas seulement traité la vaste question d'une classification générale des sciences, il s'était également occupé des classifications à introduire dans quelques sciences physiques et naturelles considérées à part.

Les classifications chimiques proposées par le savant académicien pourraient, même aujourd'hui, être publiées avec fruit ; elles prouveraient, chose étrange, que pendant une des dernières révolutions de la science, Ampère, le géomètre Ampère, fut toujours dans le vrai, même quand ses opinions étaient opposées à celles de presque tous les chimistes du monde.

DE L'INFLUENCE QUE L'ÉDUCATION PRIVÉE A EXERCÉE SUR LES FACULTÉS ET LES MANIÈRES D'AMPÈRE.

Ampère, quand il eut conquis l'immense réputation dont nous l'avons vu entouré, offrit une trop belle occasion de comparer les éducations privées, solitaires, aux éducations publiques, tumultueuses, pour qu'on ne s'empressât pas de la saisir. Je ne rappellerai ici ce débat que pour nier son utilité. En sortant des montagnes de Poleymieux, notre futur confrère avait une immense variété de connaissances, une mémoire prodigieuse, une intelligence forte, une rare aptitude à dominer tous les sujets ; mais qui oserait affirmer que ces qualités ne se seraient pas également développées au collége. Dans une matière aussi délicate, des faits isolés ne sauraient conduire à des conclusions certaines.

Les adversaires des éducations privées rappelèrent qu'Ampère contracta, dans sa retraite, des habitudes qu'ils taxent de bizarreries. On cite, entre autres, l'impossibilité où, devenu professeur, il se trouvait d'expliquer nettement ce qu'il savait le mieux, à moins que le mouvement du corps ne lui vînt en aide. Le fait est vrai. Il y eut toujours, intellectuellement parlant, une très grande différence entre Ampère en repos et Ampère marchant. Moi, tout le premier, j'ai déploré que, dans l'âge mûr, le savant illustre sentît ses éminentes facultés, sa verve s'éteindre, dès qu'il s'asseyait devant un bureau, sans avoir, néanmoins, la hardiesse de m'en prendre à la solitude dans laquelle la jeunesse d'Ampère s'était passée.

Eh ! grand Dieu ! que savons-nous du travail intérieur qui accompagne la naissance et le développement d'une idée ? Ainsi qu'un astre à son lever, une idée commence à poindre aux dernières limites de notre horizon intellectuel. Elle est d'abord très-circonscrite ; sa lueur incertaine, vacillante, semble nous arriver à travers un brouillard épais. Ensuite elle grandit, prend assez d'éclat pour qu'il soit possible d'en entrevoir toutes les nuances ; enfin, ses contours se dessinent avec précision ; ils la séparent nettement de tout ce qui l'entoure, de ce qui n'est pas elle. À cette dernière époque, mais alors seulement, la parole s'en empare avec avantage, la féconde, lui imprime la forme hardie, pittoresque, socratique, qui la gravera dans la mémoire des générations.

Les causes qui accélèrent ou retardent la naissance d'une pensée et ses diverses transformations, sont nombreuses et très-fugitives ; leur mode d'action n'a d'ailleurs rien de régulier, de constant. Paësiello composait enseveli sous des couvertures. Cimarosa, au contraire, ne trouvait les beaux motifs dont ses opéras fourmillent qu'au milieu des joies et du bruit de la foule. L'historien Mézerai n'écrivait, même à midi, même dans le mois de juillet, qu'à la lumière des bougies. Rousseau, d'autre part, se livrait à ses plus profondes méditations en plein soleil, pendant l'exercice d'une herborisation.

Si Ampère n'avait de verve que debout, qu'en s'agitant, Descartes, au contraire, restait couché, immobile, et Cujas ne travaillait avec fruit qu'étendu de tout son long sur un tapis, le ventre contre terre.

Nous avons tous souri en voyant, dans notre jeunesse, de mauvais écoliers chercher des yeux, au plafond de leur classe, la leçon dont ils ne se ressouvenaient pas. Eh bien, c'est dans cette position, la tête fortement penchée en arrière, que Milton composait.

Ces faits paraîtront fort étranges ; mais que dira-t-on, alors, du peintre Guido Reni, auquel toute inspiration échappait, s'il n'était pas vêtu avec magnificence ; du musicien Haydn, qui se déclarait lui-même incapable de composer ses admirables chœurs, quand il ne portait pas au doigt la bague de prix que Frédéric II lui avait donnée ; du poëte Mathurin, et du pain à cacheter qu'il se collait sur le front, entre les deux sourcils, tout autant pour exciter son imagination, que comme un signal à ses domestiques de ne l'interrompre par aucune demande.

Les yeux, a-t-on dit, sont le miroir de l'âme ! Je suis convaincu qu'on s'est trompé, en étendant avec trop de généralité cette remarque aux gestes, ou, si l'on veut, aux mouvements nerveux. Les bras du fauteuil de Napoléon n'étaient pas seulement déchiquetés à coups de canif, dans les mouvements de grande colère ou de fortes préoccupations : la joie, la gaieté, ne rendaient pas inactif l'instrument de destruction. Si les questeurs de nos chambres législatives n'avaient placé la discrétion au premier rang des qualités qui les distinguent, ils pourraient nous dire que certains députés ne détruisent pas moins activement l'acajou de leurs pupitres, les jours de luttes ardentes, passionnées, que pendant l'opération monotone, assoupissante d'un appel ou d'un réappel. Ceux qui lisent la ballade de Glover, intitulée *l'Ombre de l'amiral Hosier*, devinent-ils que le poëte la composa en détruisant à coups de canne, et sans s'en apercevoir, un parterre de tulipes dont lady Temple, son amie, faisait ses délices ?

Il n'est pas jusqu'à des positions de malaise, de souffrance, qui ne deviennent, chez quelques personnes, la condition indispensable du développement de leur supériorité intellectuelle. Témoin cet avocat dont parle Addison, qui ne plaidait jamais sans passer le pouce de sa main gauche dans un nœud de ficelle, qu'il serrait fortement pour aiguillonner la pensée ou l'expression ; témoin encore un de nos plus éloquents prosateurs, qui parle aussi bien qu'il écrit, mais alors seulement que sa jambe droite a pu s'enrouler autour de sa jambe gauche, comme le serpent de Troye autour des bras du Laocoon.

Recueillons tous ces faits. Leur singularité même doit nous y exciter ; mais gardons-nous d'en tirer des conclusions prématurées contre tel ou tel mode d'éducation. Parmi les personnages illustres dont le nom vient de se placer sous ma plume, il n'en est pas deux, en effet, qui, pendant leur enfance, se soient trouvés dans des circonstances analogues.

Je serais moins réservé s'il fallait m'expliquer au sujet de quelques autres habitudes de notre confrère, qui, elles aussi, ont plus ou moins réagi sur sa destinée. Envoyez Ampère, pendant sa première jeunesse, dans la plus humble école de village, et vous verrez combien son caractère et ses habitudes seront modifiés. Il apprendra que des ciseaux n'ont jamais été un moyen de tailler convenablement une plume, et que l'écriture en gros n'est pas le but final de la calligraphie. Déjà membre de l'Institut, il ne recevra pas d'un savant étranger, plein d'esprit et de malice, une invitation à dîner contenue tout entière dans le contour de la première lettre de sa signature. Il saura que ceux qui tracent rapidement, commodément l'écriture cursive, remuent les doigts et non le bras ; et, à toutes les époques de sa vie, écrire cessera d'être pour lui un exercice corporel, accompagné de souffrances intolérables. Les camarades d'école d'Ampère, beaucoup moins endurants qu'un père et qu'une mère, réprimeront avec rudesse des mouvements de vivacité beaucoup trop fréquents. Dans l'âge mûr, Ampère aura ainsi appris à maîtriser les excès de colère qui le rendaient si malheureux, ces *colères d'agneau*, comme les appelaient ses amis, et dont, en vérité, on se félicitait d'être devenu l'objet, tant il y avait de spontanéité, de candeur, d'abandon, dans le retour. Il saura s'astreindre à des travaux réguliers. L'obligation de présenter ses devoirs à heure fixe, lui enseignera, comme disait un auteur fort expert dans la matière, à faire sortir rapidement la pensée d'un tuyau de plume, à ne pas la noyer ensuite dans une écritoire. Suivant la belle image de Cléanthe conservée par Sénèque, la pensée d'Ampère, une fois contenue, ressemblera à la voix qui, resserrée dans l'étroit canal d'une trompette, sort plus aiguë et éclate plus fort. La rédaction devenant alors pour lui une chose secondaire, il aura peut-être le bonheur de pouvoir dire comme Racine : « Mon ouvrage est fait, il ne me reste plus qu'à l'écrire. » Les succès de ce mode de recherches le feront renoncer à traiter mille sujets à la fois, à céder en ce genre à la moindre excitation. En réfléchissant sur le temps perdu journellement en discussions sans portée, il n'aura pas à s'écrier douloureusement avec le poëte que je citais tout à l'heure :

Je ne fais pas le bien que j'aime,

Et je fais le mal que je hais.

Je m'arrête, car au lieu de tenir une balance égale entre deux systèmes contraires, comme j'en avais le projet, je m'aperçois que je fais presque un plaidoyer en faveur de l'éducation en commun.

Ampère a souvent prêté le secours de son imposante autorité aux adeptes du magnétisme animal. La faiblesse de sa vue, son manque de dextérité corporelle, sa grande candeur, le rendaient peu propre à découvrir les ruses, les tours d'adresse qui ont dû faire considérer ce magnétisme comme une branche de l'art de l'escamoteur. Dans certaines réunions où l'amour du merveilleux, le besoin de sonder les mystères de l'organisation animale, et surtout l'espoir de découvrir quelques nouveaux moyens de secourir l'humanité souffrante, amenaient tant de personnes estimables, Ampère fut souvent fasciné par des tours d'adresse, comme il l'eût été sur certains de nos petits théâtres d'enfants, en voyant les muscades changer subitement de dimensions, se multiplier à l'infini, et passer successivement dans divers gobelets, au gré d'un de ces personnages qu'on appelle aujourd'hui des prestidigitateurs. C'est ainsi, sans aucun doute, qu'Ampère avait été conduit à admettre que, dans certaines conditions d'excitation nerveuse, l'homme peut voir, même de loin, sans le secours de ses yeux, observer une étoile avec son genou, suivre tous les mouvements des acteurs sur la scène en leur tournant le dos, et lire un billet doux avec le coude. Mais nous qui, aujourd'hui même, n'ajoutons aucune foi à de semblables merveilles ; nous qui, jadis, combattions les convictions de notre ami, avec toutes sortes d'armes, sans en excepter celle de la plaisanterie, n'aurions-nous pas, sur d'autres points du magnétisme animal, porté notre opposition trop loin ? Un scepticisme outré était-il plus philosophique qu'une crédulité sans limites ? Par exemple, avions-nous raison de soutenir, de plein saut, qu'aucun homme n'a jamais lu, qu'aucun homme ne lira jamais, à l'aide de ses yeux, dans la complète obscurité qui règne sous une épaisseur de ving-neuf mètres de terre et de roches, je veux dire au fond des souterrains de l'Observatoire ? Était-il bien établi que les écrans opaques, c'est à-dire non perméables à la lumière, ne laissent rien passer qui puisse la suppléer et produire la vision ? Des idées systématiques nous autorisent-elles à dédaigner de recourir à l'expérience, seul juge compétent en pareille matière ? J'émets tous ces doutes comme une espèce d'amende honorable, une sorte d'expiation offerte aux mânes d'Ampère.

Pardonnez, Messieurs, cette digression, les circonstances l'avaient rendue nécessaire. Votre indulgence me sera d'autant plus précieuse, que peut-être, disons plus, que probablement j'aurai mécontenté à la fois les magnétiseurs et leurs antagonistes. Ces derniers blâment l'étendue de mes concessions, les autres, au contraire, me trouveront trop sceptique. Au surplus, de semblables reproches n'auraient rien de bien inquiétant. Le magnétisme, ne fût-ce que sur quelques points isolés, a-t-il des fondements réels ? Tout ce que ses adeptes doivent désirer, tout ce qu'ils peuvent loyalement réclamer aujourd'hui, ce sont des juges non prévenus, qui ne refusent plus de voir et d'entendre.

Faut-il faire, d'un autre côté, la part de ceux qui, voués à la méthode expérimentale avec fanatisme, procèdent exclusivement par voie de corollaires directs, qui regardent une idée comme indigne d'être poursuivie dès qu'elle ne découle pas logiquement d'une idée plus ancienne ? Je remarquerai que *nier à priori* est aussi de la théorie ; que les théories négatives sont même les plus condamnables, puisqu'elles ne provoquent aucun essai, aucune tentative, puisqu'elles placent les esprits dans un état de quiétude, de somnolence, dont la science aurait beaucoup à souffrir. Je ne saurais d'ailleurs admettre qu'il y ait moins d'orgueil à dire comme le Jéhovah des Hébreux, et non pas seulement à l'Océan, mais à la nature tout entière : *tu n'iras pas plus loin !*

Les traits de caractère qui, dans le cours de cette Notice, se sont trouvés mêlés à des analyses scientifiques, suffiraient amplement dans les éloges du plus grand nombre des académiciens. Il n'en saurait être ainsi à l'égard d'Ampère. De bonne heure, un singulier concours de circonstances initia le public à tous les détails de sa vie privée. On s'occupait presque tout autant de ce qu'on appelait sa crédulité, ses travers, de ses distractions, des alternatives si fréquentes d'activité infinie et d'apathie profonde auxquelles il était sujet, que de ses brillantes découvertes. Petit à petit, notre ami devint le principal acteur dans une multitude d'aventures plus ou moins bizarres, fruit de l'imagination de quelques oisifs.

La calomnie, toujours aux aguets des occasions d'exercer son détestable rôle, se mit aussi de la partie ; et voilà comment il arrive que je n'aurais pas atteint mon but, si je négligeais de donner une esquisse fidèle du caractère et des habitudes d'Ampère.

Je viens de parler de calomnie ! Il est assurément bien loin de ma pensée de vouloir appliquer cette expression sévère à quiconque ne partage pas aujourd'hui l'opinion que je me suis formée du caractère d'Ampère. Philopœmen *porta* une fois, dit Plutarque, *la peine de sa mauvaise mine.*

Ampère aussi *porta souvent la peine* de certaines manières, de certaines habitudes dont je n'entends nullement me faire le prôneur. Je le reconnais : de la meilleure foi du monde, on a pu, par exemple, prendre des salutations vraiment trop profondes pour un manque de dignité.

Nous avons traversé des temps où un homme de lettres, où un homme de science, s'appelât-il Ampère, avait toute raison de craindre que ses emplois ne lui fussent enlevés, s'il n'était pas orthodoxe en matière de religion et partisan des systèmes politiques du jour. Peut-être, dans ces circonstances, notre confrère se rappelait-il trop vivement ses devoirs de père de famille ; peut-être une imagination ardente lui peignant alors sous des couleurs exagérées la position où l'aurait réduit une destitution brutale, Ampère se prêta-t-il à des démarches, à des visites, à des présentations qu'on a pu loyalement, légitimement blâmer. C'est un droit que je concède, même en ce moment, à ceux qui jamais ne firent de semblables fautes ; mais je le dénie, sans hésiter, aux fonctionnaires infiniment plus nombreux, dont tout l'avantage sur Ampère fut de trouver le secret d'être moins remarqués. Au reste, n'allez pas croire que les jugements, que les opinions dont je vais me rendre l'organe, et qu'il me serait si doux de faire prévaloir dans cet auditoire, reposent sur le fondement peu solide de bruits, de propos de société ; sur des actes mal connus et susceptibles de diverses interprétations. J'ai apprécié, j'ai jugé Ampère d'après une correspondance intime qui n'était pas destinée à voir le jour ; qui, même selon l'expresse recommandation de notre ami, aurait dû être brûlée. C'est dans un semblable document que je pouvais espérer de trouver la pensée d'Ampère, dégagée de tout alliage trompeur. C'est en lisant cette précieuse correspondance, que j'ai appris à aimer de plus en plus notre confrère. Y a-t-il beaucoup d'hommes qui gagneraient ainsi à être dépouillés du masque dont ils se couvrent généralement en public ?

Voilà de bien longues réflexions. Messieurs ; vous me les pardonnerez, si je dis qu'on se tromperait en les considérant comme un préambule : elles sont la réfutation directe, anticipée, des objections dont la dernière partie de cette Notice est menacée, même avant d'avoir reçu aucune publicité.

Ainsi que La Fontaine, avec lequel il avait plus d'un point de ressemblance, Ampère demeurait quelquefois isolé au milieu de la foule. De là, certaines bizarreries, certaines aberrations de langage, de tenue ou de costume, que devaient difficilement comprendre ceux qui jamais ne subirent la domination tyrannique d'une idée ou d'un sentiment. Les distractions blessent, quand elles ne font pas rire : les distractions d'Ampère étaient de cette dernière espèce ; et cependant, il faut bien qu'elles aient blessé quelques personnes, puisqu'on a été jusqu'à imaginer, jusqu'à soutenir que les mille et mille distractions dont nous fûmes témoins étaient affectées. Cette grave imputation a été trop répandue, pour que je lui donne une sorte d'assentiment par mon silence. J'aborde donc, sans hésiter, la misérable circonstance qui l'a fait naître.

Après une soirée consacrée à de vives discussions, sur divers points de religion et de métaphysique, Ampère, en se retirant fort tard, emporta le chapeau tricorne d'un ecclésiastique, au lieu de son propre chapeau rond. Le lendemain, il s'empressa d'aller réparer son erreur. Telle a été, je le reconnais, l'origine d'une liaison que notre confrère devait désirer. Mais conclure de là que la méprise fut calculée ; supposer qu'un homme si éminent par son mérite, par ses emplois, et devant lequel toutes les portes de la capitale devaient s'ouvrir à deux battants, eût volontairement recours, comme moyen d'introduction, au plus misérable des expédients, à un échange de chapeaux, c'est blesser à la fois la vérité et le sens commun.

Au surplus, vous qui faites un si singulier, un si déplorable usage de l'esprit interprétatif, votre carrière n'est pas finie : de grâce, parcourez-la tout entière.

Dites-nous, par exemple, quel avantage convoitait Ampère le jour où, assis à la table de personnes que tout lui commandait de ménager, il se crut un moment dans sa propre maison et s'écria, avec l'accent d'un mécontentement profond :« Vraiment, ce dîner est détestable ! Ma sœur comprendra-t-elle enfin qu'elle a tort d'accepter des cuisinières, sans s'être assurée personnellement de leur savoir-faire ! »

J'ai presque honte de cette justification ; car, enfin, Ampère n'a pas été le seul personnage éminent sujet à des distractions réelles. Veut-on, par hasard, généraliser le reproche ? Je citerai aussitôt un astronome célèbre qui, à la demande de sa ménagère, cherchant à déterminer le nombre exact de secondes qu'exige la cuisson d'un œuf, reconnut avec désespoir que, pendant une minute entière, il avait soumis à l'ébullition de l'eau la montre du plus grand prix, sur laquelle reposait l'exactitude de tous ses travaux, tandis que l'œuf était resté dans sa main. Je dirai que le père Beccaria, que le pieux Beccaria, poursuivi par le souvenir d'une recherche électrique, même pendant qu'il célébrait la messe, s'écria, un jour, de toute la puissance de sa voix : *l'esperienza è fatta*, au moment où il aurait dû chanter le *Dominus vobiscum*, distraction qui, par parenthèse, devint le sujet d'une information devant l'autorité ecclésiastique, et amena l'interdiction de l'illustre physicien.

Faire du distrait avec le système que je viens de réfuter, une sorte de mélange du trompeur et de l'hypocrite, ce serait se résoudre à déchirer d'excellents feuillets de La Bruyère, et condamner au feu une agréable comédie de Regnard. Il est toutefois une conséquence qui répugnerait encore davantage : l'inimitable fabuliste cesserait d'être le *bon homme*, comme le baptisa Molière. En restant les admirateurs de ses œuvres immortelles, nous serions obligés de dépouiller sa personne de cette auréole de respect, d'estime, je dirai presque de tendre attachement, dont tant de générations successives l'ont entourée. Une cause est perdue, Messieurs, quand elle conduit à des conséquences qui froissent si violemment la conscience publique !

La crédulité d'Ampère était en quelque sorte devenue proverbiale. Elle lui faisait accepter, coup sur coup, les événements les plus fantastiques dans le monde politique, les faits les plus extraordinaires dans le monde intellectuel. Cet aveu, au reste, ne portera aucun préjudice à la grande réputation de perspicacité du célèbre académicien.

La crédulité tient ordinairement au manque d'intelligence. Celle-là il ne pourra, bien entendu, en être jamais question à cette place. Souvent aussi, elle provient d'une paresse générale d'esprit ; c'est la crédulité qui s'est si bien caractérisée par le dicton populaire :*j'aime mieux le croire que d'y aller voir.*

L'indifférence, pour échapper aux sollicitations, aux combats qu'elle redoute, prend quelquefois le masque de la crédulité ; mais l'indifférence peut ne pas être générale, ne porter que sur certaines questions, et laisser, sur d'autres points, une large place à l'intérêt, à l'activité. Tel était le cas du grammairien devant qui on dévoilait les symptômes imaginaires d'une conflagration, générale de l'Europe : il admettait tout, accueillait tout sans sourciller, sans mot dire ; on allait définitivement le ranger parmi les hommes les plus crédules de l'époque, lorsqu'il rompit le silence par ces paroles : « Arrive que pourra, je n'en ai pas moins deux mille-verbes bien conjugués dans mes cartons ! »

Ampère appartenait à une tout autre catégorie infiniment plus rare : chez lui, la crédulité était le fruit de l'imagination et du génie. En entendant raconter une expérience extraordinaire, son premier sentiment était sans doute la surprise ; mais bientôt après, cet esprit si pénétrant, si fécond, apercevant des *possibilités* là où des intelligences communes ne découvraient que le chaos, il n'avait ni trêve, ni cesse, qu'il n'eût tout rattaché par des liens plus ou moins solides aux principes de la science. Dois-je craindre d'être accusé de méconnaître le cœur humain, en ajoutant que le mérite de la difficulté vaincue, a quelquefois pu influer sur la ténacité de notre savant confrère à défendre certaines théories ?

En quittant Lyon, en 1805, Ampère n'avait pas assez calculé ce qu'il laissait d'amis et de souvenirs dans cette ville. Peu de temps après son arrivée à Paris, il fut pris d'une véritable nostalgie, dont la guérison n'a jamais été complète. Dans des lettres de 1813, de 1820, et même d'une date postérieure, son acceptation de la place qui l'attacha à l'École polytechnique, est qualifiée d'acte de folie insigne. Ses rêves favoris étaient des combinaisons, toujours impraticables, qui auraient pu le ramener aux lieux témoins de son enfance. L'exclamation : « Oh ! si j'étais resté à Lyon ! » termine le récit de ses chagrins de toute nature. Ceci, Messieurs, donne la clef de bien des circonstances de la vie de notre ami restées jusqu'ici inexpliquées.

La métaphysique, j'en ai déjà touché quelque chose au début de cette notice, vint constamment à la traverse des travaux de mathématiques, de physique ou de chimie que notre confrère entreprenait. Elle ne fut momentanément vaincue qu'en 1820, 1821 et 1822, pendant les *recherches électro-dynamiques*, et l'on a vu ce qui en advint. En 1813,

Ampère consultait ses amis de Lyon sur le projet qu'il avait formé (je copie textuellement) « de se livrer entièrement à la psychologie. » Il se croyait appelé « à poser les fondements de cette science pour tous les siècles. » Il ne répondait pas à une lettre de sir Humphry Davy : « N'ayant plus, disait-il, le courage de fixer ses idées *sur ces ennuyeuses choses-là ! »*

Je n'irai pas plus loin, Messieurs ; je craindrais, en insistant davantage sur le tort que la psychologie a fait à la physique, de soulever ici contre la première de ces études une trop grande irritation.

Au nombre des écrivains que l'histoire littéraire a distingués, à raison de leur ardeur constante et infatigable, nous trouverions des hommes profondément pieux, des indifférents et des incrédules. Ceux, au contraire, qui pendant toute leur vie ont été troublés par des combats religieux intérieurs, sont très-rarement parvenus à achever des ouvrages de longue haleine ; Ampère appartint beaucoup plus que nous ne l'avions cru, à cette dernière classe de savants.

Madame Ampère avait, de bonne heure, excité dans l'âme de son fils, les sentiments de piété qui l'animaient elle-même. La lecture assidue de la Bible et des Pères de l'Église, était le moyen infaillible dont le jeune géomètre faisait usage, lorsque sa foi devenait chancelante. Plus tard, le talisman perdit quelque peu de sa première vertu ; des pièces manuscrites me l'ont appris, car, de son vivant, Ampère ne laissa rien percer devant moi, des doutes cruels qui, de temps à autre, bouleversaient son esprit. En parcourant aujourd'hui ses lettres à l'ami qu'il avait pris pour confident de tant de combats intérieurs, le lecteur se surprend à croire qu'il a sous les yeux le récit des tortures poignantes qu'éprouva l'auteur des *Provinciales*. « Si c'était vrai cependant ! écrivait-il le 2 juin 1815… malheureux que je suis !… d'anciennes idées ne me dominent pas assez pour me faire croire ; mais elles ont encore la puissance de me frapper de terreur ! Si je les avais conservées intactes, je ne me serais pas précipité dans un gouffre ! »

J'ai pu remarquer, par la comparaison des dates, que ces vicissitudes n'ont pas été sans quelque liaison avec les révolutions politiques de la France, ou avec des douleurs de famille. Qu'on le croie bien, les larmes dont les yeux des malheureux sont inondés, n'altèrent pas seulement pour eux l'aspect physique des choses !

Dans ses moments de ferveur religieuse, il n'y avait pas de sacrifice littéraire qu'Ampère ne trouvât léger. À l'école centrale de Bourg, le jeune professeur composa un traité sur l'avenir de la chimie. De hardies prédictions n'avaient alors rien dont sa conscience s'effarouchât. Déjà même l'ouvrage était imprimé, lorsque diverses circonstances firent passer subitement Ampère à un état d'exaltation mystique extraordinaire. Dès ce moment, il se crut coupable au premier chef, pour avoir essayé de dévoiler prématurément une multitude de secrets que les siècles futurs portaient et qu'ils portent encore dans leurs flancs ; il ne vit plus dans son œuvre que le fruit d'une suggestion *satanique*. et la jeta au feu. Cette perte, l'illustre académicien l'a depuis vivement regrettée, d'accord, en cela, avec tous ceux qui s'intéressent aux progrès des sciences et à la gloire du pays.

Le doute religieux n'est pas le seul qui ait troublé la vie d'Ampère. Le doute, quel qu'en fût l'objet, bouleversait son esprit au même degré. « Le doute, écrivait-il à un de ses amis de Lyon, est le plus grand des tourments que l'homme endure sur la terre ! » Voici (entre mille) une des questions, assurément très-douteuses, d'autres diraient insolubles, sur lesquelles la pensée de notre ami s'était exercée, qu'on me passe l'expression, avec le plus d'emportement.

L'étude des animaux fossiles montre que notre globe a été le théâtre de plusieurs créations successives qui, de perfectionnement en perfectionnement, se sont élevées jusqu'à l'homme. La terre n'offrait d'abord rien de vivant, rien d'organisé. Puis se présentèrent quelques végétaux ; puis les animaux invertébrés : les vers, les mollusques ; plus tard des poissons, des reptiles marins ; plus tard encore les oiseaux ; enfin, les mammifères.

« Vois-tu, écrivait Ampère à un de ses amis de Lyon, vois-tu les palœothériums, les anoplothériums remplacés par les hommes ? J'espère, moi, qu'à la suite d'un nouveau cataclysme, les hommes, à leur tour, seront remplacés par des créatures plus parfaites, plus nobles, plus sincèrement dévouées à la vérité. Je donnerais la moitié de ma vie pour avoir la certitude que cette transformation arrivera. Eh bien, le croirais-tu ? il y a des gens *assez stupides* (je ne change rien à la phrase), pour me demander ce que je gagnerais à cela ! n'ai-je pas cent fois raison d'être indigné ? »

Je ne m'étonnerais pas qu'au premier coup d'œil on éprouvât quelque surprise, en me voyant placer les événements et les passions politiques parmi les causes qui portèrent si souvent la tristesse, le découragement dans le cœur d'Ampère, et nuisirent le plus souvent à ses travaux scientifiques. Moi-même, son ami pendant trente années, n'ai-je pas eu besoin de lire sa correspondance la plus intime, pour savoir tout ce qu'il y avait de patriotiques douleurs, sous une sérénité apparente, sous un vernis de douce résignation ?

L'année 1815 marqua surtout dans la vie de notre confrère d'une manière cruelle. L'empereur était revenu de l'île d'Elbe. Le bruit des armes retentissait dans l'Europe entière ; les nations allaient se heurter sur un champ de bataille inconnu ; de ce choc terrible pouvait naître, pour de longues années, l'asservissement de la France et du monde. Ces pensées bouleversaient l'âme de notre illustre confrère ; mais il eut l'incroyable malheur de tomber alors dans une société, Dieu me garde de chercher à en découvrir les traces, où ce qu'il redoutait était un objet d'espérance ; où les plus tristes nouvelles excitaient des transports de joie ; où la mort d'un demi-million de nos compatriotes ne semblait pas devoir entrer en balance avec le maintien de quelques institutions vermoulues. Ces hideux sentiments inspiraient à notre confrère une juste et profonde antipathie. D'autre part, il trouva dans la population parisienne des personnes ardentes qui, sans attendre aucun acte de la part de leurs antagonistes, proposaient de faire impitoyablement main basse sur eux.

C'est alors que dans une lettre, dont j'ai l'original sous les yeux, Ampère écrivait à ses amis Lyonnais : « Je suis comme le grain entre deux meules ! Rien ne pourrait exprimer les déchirements que j'éprouve ; je n'ai plus la force de supporter la vie ici. Il faut à tout prix que j'aille vous rejoindre, il faut surtout que je fuie ceux qui me disent : Vous ne souffrirez pas personnellement, comme s'il pouvait être question de soi-même au milieu de semblables catastrophes. »

N'auriez-vous pas, Messieurs, mauvaise opinion d'un homme qui, dans de si tristes circonstances, aurait trouvé en lui-même assez de tranquillité d'esprit pour combiner des formules, inventer des appareils, ou tenter de nouvelles expériences ?

Ampère, par timidité, concentrait soigneusement en lui-même les sentiments douloureux que les événements publics lui inspiraient. Deux fois, cependant, la mesure devint comble : elle déborda violemment. S'il me fallait citer un désespoir égal à celui qu'éprouva notre confrère en apprenant la prise de Praga et, plus tard, la chute de Varsovie, ce serait parmi les anciens membres de cette Académie que je le trouverais. Je montrerais Ruelle entrant dans son amphithéâtre, les habits en désordre, la figure pâle, les traits décomposés, et commençant une leçon de chimie par ces paroles, que je prise, moi, autant que la plus belle expérience : « Je crains de manquer aujourd'hui de clarté et de méthode ; j'ai à peine la force de rassembler, de combiner deux idées ; mais vous me pardonnerez quand vous aurez appris que la cavalerie prussienne a passé et repassé sur mon corps pendant toute la nuit. »

On avait connu la veille, à Paris, la nouvelle de la bataille de Rosbach.

Une fois entraîné par la direction de son esprit, par son tempérament ou par son cœur, à étudier les événements politiques, à calculer leur importance, leur gravité, il est rare qu'on sache se borner à ceux d'une seule époque, fût-elle aussi féconde en terribles péripéties que la fin du xviiie siècle et le commencement du xixe. Les biographes racontent que Lamothe-Levayer mourut en demandant d'une voix éteinte : « A-t-on des nouvelles du grand Mogol ? » Pour Ampère, le grand Mogol, c'était le monde tout entier ; le temps passé, le temps présent, et le temps à venir. Les souffrances des sujets de Sésostris, de Xercès, de Tamerlan, trouvaient dans son âme une fibre sensible, comme les souffrances des pauvres paysans de la Bresse, parmi lesquels sa jeunesse s'était écoulée. « Il se préoccupait avec la même passion (ce sont ses paroles textuelles) de ce qui arrivera dans trois siècles et des événements qui se déroulaient sous ses yeux. » Nous retrouvons ici l'horreur du doute dont je parlais tout à l'heure, mais renforcée encore par des sentiments philanthropiques.

« Les amis, s'écria lord Byron dans un moment d'humeur, sont des *voleurs de temps !* » Un homme très-studieux avait dit avant lui, avec moins d'âpreté : « Ceux qui me viennent voir me font honneur ; ceux qui ne viennent pas me font plaisir. » La pensée, également égoïste sous l'une et sous l'autre forme, n'effleura jamais l'esprit ou le cœur d'Ampère. Son cabinet de travail s'ouvrait à toute heure et à tout venant. Vous n'en sortiez pas, nous devons l'avouer, sans que notre confrère vous demandât si vous connaissiez le jeu des échecs ? La réponse était-elle affirmative, il s'emparait du visiteur et joutait contre lui, bon gré, mal gré, des heures entières. Ampère avait trop de candeur pour s'être aperçu que les inhabiles eux-mêmes, plusieurs m'en ont fait la confidence, connaissaient un moyen infaillible de le vaincre : quand les chances commençaient à leur être défavorables, ils déclaraient, en termes très-positifs, qu'après de mûres réflexions, le chlore était définitivement pour eux de l'acide muriatique oxygéné ; que l'idée d'expliquer les propriétés de l'aimant à l'aide de courants électriques, semblait une vraie chimère ; que, tôt ou tard, les physiciens reviendraient au système de l'émission, et laisseraient les ondes lumineuses parmi les vieilleries décrépites du cartésianisme. Ampère avait ainsi le double chagrin de trouver de prétendus adversaires de ses théories favorites, et d'être *échec et mat !*

Les philosophes, ceux-là même dont la vie entière se passe à rédiger des codes de sagesse à l'usage de toutes les nations du monde, souvent ne parviennent pas à éviter, dans leur propre conduite, des écueils qui se montrent aux yeux les plus vulgaires. Ampère, par exemple, ne comprit jamais combien sa santé, combien les sciences, souffriraient de l'isolement auquel il s'était condamné. Il croyait satisfaire aux prescriptions impérieuses de la médecine ou au prières instantes de l'amitié ; il croyait vraiment reposer son esprit, lorsque, dans la journée, il passait plusieurs heures ou dans une obscurité profonde, ou sans avoir à la main ni livre, ni plume, ni crayon. Une semblable illusion ne pouvait nous fasciner. Aussi, qu'on ne s'en étonne point, en cherchant pour notre ami une distraction réelle, nous avons désiré l'entraîner à la Comédie-Française ; nous avons voulu associer un homme qui, dans sa jeunesse, composait des tragédies, au plaisir noble et pur qu'excitaient les chefs-d'œuvre de Corneille, de Racine, de Molière, à une époque surtout où ces poëtes immortels avaient pour interprètes les Talma, les Fleury, les mademoiselle Mars.

Craignant chez notre ami l'influence puissante des scrupules religieux, nous avons cru devoir lui raconter que, du temps de Louis XIV, une dame de la cour ayant demandé à son confesseur si elle faisait mal d'aller au spectacle, n'en reçut que cette réponse : *C'est à vous, Madame, de me le dire.* De si admirables paroles ne pouvaient manquer de frapper une imagination vive et éclairée. Un moment nous avons cru notre cause gagnée : elle l'était, en effet, dans l'esprit et dans le cœur d'Ampère ; mais pouvions-nous insister, quand nous le vîmes arrêté par la crainte, très-respectable, de blesser les personnes dont naguère il partageait les opinions sur le point que nous venions de débattre ? C'était, disons-le en passant, la critique anticipée des nombreux revirements opérés récemment sous nos yeux, et que la conscience publique a flétris, moins encore par tout ce qu'ils avaient eu de soudain, d'inattendu, d'intéressé, qu'à raison des outrages que les apostats du jour adressaient aux dieux de la veille.

J'aurais fait preuve, Messieurs, d'une bien grande inhabileté, si le caractère personnel d'Ampère, que je viens d'envisager sous tant de faces diverses, ne semblait pas déjà à tout le monde, du moins entre certaines limites, une explication naturelle du découragement auquel notre ami s'abandonna tant de fois ; si on n'y voyait pas une des principales causes du dégoût que lui inspirèrent souvent des études où le moindre de ses efforts eût certainement conduit à d'éclatants succès. Les traces de ce découragement, de ce dégoût, se montrent en foule à quiconque jette un coup d'œil attentif sur les dernières années de la vie d'Ampère.

Celui qui, dans sa jeunesse, dévorait avec tant d'ardeur les livres de toute nature, même les vingt volumes in-folio de l'Encyclopédie, parvenu à un certain âge, n'avait plus la force de rien lire. À peu d'exceptions près, les ouvrages de sa bibliothèque n'étaient pas coupés. On y voyait bien, çà et là, quelques feuillets dentelés sur leurs bords comme une large scie, preuve certaine qu'un doigt inhabile les avait séparés. Un auteur, même parmi les plus célèbres, se serait vainement mis en quête de traces plus nombreuses, plus manifestes de l'attention, de la curiosité de notre confrère.

Avec l'unique exception du projet de classification naturelle des connaissances humaines, tout, dans le monde scientifique, dans le monde littéraire, lui était devenu tellement indifférent, qu'il existe dans les mains des géomètres, dans les mains des élèves de nos grandes écoles, un *Traité de calcul différentiel et de calcul intégral*, publié sans nom d'auteur, sans titre et sans table de matières ; l'imprimeur, après de nombreuses tentatives, avait fini par comprendre que notre Ampère ne lui fournirait jamais les quelques lignes qui eussent été nécessaires pour donner au nouveau livre la forme que tous les livres ont eue, depuis le temps de Gutenberg.

Ne vous récriez pas, Messieurs, sur ce que ce fait offre d'extraordinaire. J'ai, à mon sens, quelque chose de plus étrange encore à vous raconter.

Fresncl, ce physicien illustre qui poussait l'art des expériences jusqu'à ses dernières limites ; qui, dans la discussion des phénomènes les plus complexes, parvenait, à force de génie, à se passer des secours puissants, mais peu accessibles, qu'on trouve aujourd'hui dans l'analyse transcendante ; Fresnel, en mourant, laissa dans le monde scientifique un vide immense. Ampère, sous un rapport au moins, aurait pu le combler. Des amis lui en parlèrent. Ils firent briller à ses yeux le grand avenir de gloire, d'utilité, qui s'allierait à une renommée déjà européenne. La démarche fut sans résultat. Ampère était arrêté par une incroyable difficulté : il ne pouvait accepter la mission qu'on lui offrait, attendu, disait-il, qu'elle le mettrait dans l'obligation de lire deux Mémoires sur la théorie des ondes, dont M. Poisson venait d'enrichir les sciences ! (Les deux Mémoires embrassent une centaine de pages, et sont écrits avec l'élégante clarté qui distingue tous les travaux de l'illustre géomètre !) L'excuse d'Ampère étonnera tout le monde ; en bien, notre ami la donnait d'un ton si pénétré, qu'il y aurait eu vraiment de la barbarie à s'en fâcher. Si les grandes et les petites choses pouvaient être comparées, je dirais qu'elles rappelaient la réponse qu'un ouvrier, jeune et valide, fit un jour à cette question de Marivaux : « Pourquoi ne travaillez-vous pas ? — Ah ! Monsieur, si vous saviez combien je suis paresseux ! »

La large part que je viens de faire à l'influence du caractère, ne doit pas détourner nos yeux d'une cause, non moins puissante, qui, elle aussi, a beaucoup contribué à diminuer le nombre des travaux d'Ampère. S'il est vrai que les découvertes dont j'ai donné l'analyse, malgré tout ce qu'elles offrent de vaste, de profond, d'ingénieux, ne soient qu'une très-petite partie de celles qu'aurait pu enfanter la puissante tête de notre confrère, les institutions solidaires d'un si fâcheux résultat, méritent la réprobation de tous les amis des sciences. En consacrant quelques mots au développement de cette idée, j'obéirai, Messieurs, au précepte plein de raison que l'auteur de l'*Essai sur les éloges* exprimait ainsi : « Soit qu'en célébrant les grands hommes vous preniez pour modèle la gravité de Plutarque, ou la sagesse piquante de Fontenelle, n'oubliez pas que votre but est d'être utile ! »

Quand on parle des savants, nos contemporains, dont les facultés immenses ont été mal appliquées, le nom d'Ampère est le premier qui se présente à la pensée.

Un homme d'État, célèbre par ses bons mots, disait d'un de ses adversaires politiques : « Sa vocation est de ne pas être ministre des affaires étrangères. » À notre tour, nous pourrions affirmer, à l'égard d'Ampère, que « sa vocation était de ne pas être professeur. »

Cependant, c'est au professorat qu'on l'a forcé de consacrer la plus belle partie de sa vie ; c'est par des leçons rétribuées qu'il a toujours dû suppléer à l'insuffisance de sa fortune patrimoniale.

Une blessure grave qu'Ampère reçut au bras pendant sa première jeunesse, n'avait pas peu contribué à le priver de toute dextérité manuelle. Le premier emploi qu'on lui donne est, cependant, celui de professeur de physique, de chimie, d'astronomie, à l'école centrale du département de l'Ain. Le professeur de physique manquera inévitablement ses expériences, le chimiste brisera les appareils, l'astronome ne parviendra jamais à réunir deux astres dans le champ de la lunette d'un sextant ou d'un cercle à réflexion ; sont-ce là des difficultés réelles pour le type moderne qu'on appelle l'administrateur ? Ses fonctions lui donnent le droit de nommer. Une place devient vacante, il nomme, et tout est dit !

Ampère quitta Bourg pour occuper d'abord à Lyon une chaire de mathématiques pures, et plus tard, à Paris, l'emploi de répétiteur d'analyse à l'École Polytechnique.

Dans ces nouvelles fonctions, il n'avait plus à manier des cornues, des machines électriques, des télescopes ; on pouvait donc compter, cette fois, sur un succès complet ; mais le savoir, mais le génie ne suffisent pas à celui qui se voue à l'enseignement d'une jeunesse vive, pétulante, moqueuse, habile à saisir les moindres ridicules et à les faire servir à son amusement. Pour ne pas donner prise à sa malicieuse sagacité, il faut avoir étudié, en vivant longtemps au milieu d'elle, ses goûts, ses allures, ses caprices, ses travers. L'homme qui s'est formé lui-même, qui n'a pas passé par les écoles publiques, manque d'un des éléments de réussite. Vos salutations sont-elles très profondes, cette marque de déférence devrait vous valoir des remercîments ; elle excite, au contraire, des éclats de rire.

Quelques bizarreries, l'ignorance du monde, ce que dans notre société tout artificielle, on appelle un manque de tenue, n'empêchaient pas assurément qu'Ampère ne fût un des savants les plus perspicaces, les plus ingénieux de notre époque ; mais, on doit l'avouer, les leçons en souffraient ; mais les forces d'un homme de génie auraient facilement reçu un emploi plus judicieux, plus utile ; mais la science elle-même, dans sa juste susceptibilité, pouvait regretter qu'un de ses plus nobles, de ses plus glorieux représentants, se trouvât exposé aux plaisanteries d'une jeunesse étourdie et de quelques désœuvrés.

Dans le chapitre XVII du second livre des célèbres *Essais*, Montaigne faisait sa confession en ces termes : « Je ne sais compter ni à jet, ni à plume ; la plupart de nos monnoyes, je ne les connois pas, ni ne sai la différence de l'un grain à l'autre, ni en terre, ni en grenier, si elle n'est pas trop apparente ; ni à peine celle d'entre les choux et les laitues de mon jardin… j'entends moins encore en la trafique, en la connoissance des marchandises. »

Ampère, très-habile botaniste, n'aurait pas confondu les choux et les laitues, mais il était aussi peu avancé que le philosophe de Périgueux *en la trafique des marchandises.* Témoin l'étonnement naïf qu'il éprouva, le jour où, voulant s'initier quelque peu aux affaires de son petit ménage, il vit figurer 50 francs de persil dans la dépense d'un mois, et 600 francs dans celle de l'année entière. Voilà, toutefois, l'homme qui, pendant plus d'un quart de siècle, reçut, chaque année, comme inspecteur général de l'Université, la mission de contrôler la dépense de nos principaux colléges. Et, qu'on ne croie pas qu'Amptre fût beaucoup plus propre à examiner les professeurs et les élèves. Une fois excitée, son ardente imagination franchissait, à vol d'oiseau, le cadre des théories classiques. Un seul mot, vrai ou faux, prononcé devant notre confrère, le jetait souvent dans des routes inconnues, qu'il explorait avec une étonnante perspicacité, sans tenir alors aucun compte de son entourage. C'est ainsi que d'année en année, la théorie d'Avignon, la démonstration de Grenoble, la proposition de Marseille, le théorème de Montpellier, venaient enrichir ses cours publics de l'École Polytechnique et du Collége de France ; mais cette habitude qu'avait notre confrère de désigner chacune de ses conceptions par le lieu où elle était née, autorisait à craindre qu'il ne prêtât aux élèves ni à Avignon, ni à Marseille, ni à Montpellier, ni à Grenoble, l'attention soutenue qui doit dominer dans un examinateur.

Si Ampère convenait peu aux fonctions d'inspecteur général de l'Université, cette place, je puis aussi l'affirmer, ne lui convenait guère ; mais les devoirs du père de famille, mais une bienfaisance qui s'exerçait fort au delà des limites de la prudence, même aux époques où les amis de notre confrère calculaient avec inquiétude *de combien il s'en fallait qu'il n'eût rien*, mais la ruineuse habitude de jouer avec les remaniements dans les imprimeries, mais le besoin de faire exécuter, sans cesse, de nouveaux appareils d'électron-magnétisme, éloignaient chez Ampère, jusqu'à la pensée d'abandonner la principale branche d'un modeste revenu. Aussi, tous les ans, au moment où les tournées étaient distribuées dans les bureaux universitaires, voyions-nous notre ami se soumettre avec résignation au métier de solliciteur ; et pour obtenir telle mission dont sa santé devait le moins souffrir, ou qui pouvait devenir l'occasion de quelques centaines de francs d'économie, perdre en démarches pénibles, humiliantes, souvent infructueuses, un temps très-précieux.

Il part enfin, et pendant trois ou quatre mois, l'auteur des subtiles théories électro-dynamiques, va, de département en département, de ville en ville, de collége en collége, s'escrimer contre de malheureux enfants. Ses journées se passent à les entendre décliner, conjuguer, expliquer quelques passages du *De viris*, des *Métamorphoses* ; ou bien à les tenir devant le tableau noir, tant redouté, où ils ânonnent les règles, assurément irréprochables, mais très-prosaïques, de la multiplication, de la division et de l'extraction des racines. L'heure du retour est malheureusement aussi celle de tribulations d'un autre genre, et non moins poignantes. Les cartons universitaires ont hâte d'enfouir dans leurs flancs la statistique détaillée des barbarismes, des solécismes, des fautes de calcul dont M. l'inspecteur général a dû tenir note. Leur gueule béante réclame aussi des bordereaux, offrant les comptes de literie, d'ameublement ou de cuisine de trente pensionnats. C'est en vain qu'on demandera de telles paperasses à notre ami, lui qui trouve à peine la force de rédiger ses travaux de prédilection ; lui qui, dans une lettre, après avoir énuméré les nombreuses et bien réelles causes de chagrin dont il est assiégé, croit donner le dernier trait à ce triste tableau, quand il écrit : « Être assis immobile devant une table une plume à la main, c'est le plus pénible, le plus rude des métiers. » Ampère résistera donc aux demandes incessantes du commis, du chef de bureau, du chef de division et du ministre ligués contre lui ; mais dans cette lutte de tous les jours, et qui se prolongera jusqu'à l'époque des nouvelles inspections, il dépensera plus de temps, de finesse et d'esprit, qu'il ne lui en avait fallu pour créer un chapitre de ses théories électro-magnétiques.

Un si misérable emploi des plus hautes facultés intellectuelles n'aura de défenseurs ni dans cette enceinte, ni ailleurs ; mais, dira-t-on, où est le remède ? Le remède ne serait pas difficile à trouver : je voudrais que notre colossal budget n'oubliât pas que la France est avide de tous les genres de gloire ; je voudrais qu'il assurât une existence indépendante au petit nombre d'hommes dont les productions, dont les découvertes, dont les ouvrages commandent l'admiration et sont les traits caractéristiques des siècles ; je voudrais que ces puissances intellectuelles, dès qu'elles se sont manifestées, le pays les couvrît de sa protection tutélaire ; qu'il présidât à leur libre, à leur entier développement ; qu'il ne souffrît pas qu'on les usât sur des questions vulgaires. Les objections que ce projet pourrait faire naître, sont plus spécieuses que solides. Je les avais énoncées et combattues. Le défaut de temps m'oblige de renvoyer cette partie de mon travail à une autre séance. J'en ferai le sujet d'une proposition spéciale sur laquelle, bien entendu, j'attendrai l'opinion du public avant de la soumettre aux chances d'un vote législatif. Il est un point cependant sur lequel, dès aujourd'hui, aucune dissidence ne s'élèverait ; tout le monde reconnaîtra que, sous le régime libéral dont je viens de tracer l'esquisse, Ampère eût été un des savants sur lesquels la munificence du pays se fût épanchée la première. Libre alors de tous soins, de toute inquiétude ; débarrassé d'une multitude d'occupations assujettissantes, de détails mesquins, de servitudes minutieuses, notre ami aurait poursuivi avec ardeur, avec amour, avec persévérance, les mille idées ingénieuses qui journellement traversaient sa vaste tête. Je disais tout à l'heure que les découvertes, les travaux qu'il a laissés après lui, occuperont une place éminente dans l'histoire des sciences, que la postérité les remarquera. J'ajoutais cependant, sans craindre les dénégations de personne, qu'elles ne sont qu'une fort petite partie de ce qu'on avait le droit d'attendre d'une des plus subtiles, des plus profondes intelligences que la nature eût créées ; de la réunion, si rare, de l'esprit de détail à la force de généralisation. Cette réflexion ne m'appartenait pas ; je l'avais aperçue, tantôt à nu et tantôt voilée, à toutes les pages de la correspondance d'Ampère avec ses amis d'enfance. Chaque jour notre confrère mettait malheureusement en balance ce qu'il faisait et ce qu'il aurait pu faire ; chaque jour les résultats de cet examen ajoutaient à sa profonde tristesse. Vous savez maintenant ce qui empoisonna sa vie ; ce qui lui faisait désirer qu'on inscrivît sur sa tombe l'épitaphe brève et en même temps si expressive qu'un célèbre ministre de Suède s'était choisie :

Heureux enfin ! (*Tandem felix !*)

MORT D'AMPÈRE.

Ampère partit de Paris, très-souffrant, le 17 mai 1836. Ses amis étaient cependant pleins de confiance. Ils se rappelaient que le climat du Midi lui avait déjà une fois rendu la santé. M. Bredin, qui alla à sa rencontre à Saint-Étienne, ne partagea pas ces illusions. Le savant directeur de l'École vétérinaire de Lyon vit dans les habitudes corporelles d'Ampère l'empreinte de la décrépitude. Tout lui parut altéré dans sa figure ; tout, jusqu'à la forme osseuse du profil. La seule chose qui n'eût pas changé, et celle-là devait avoir la plus fatale influence sur une santé déjà si délabrée, c'était l'intérêt passionné, immodéré, que prenait l'illustre académicien à tout ce qui, du nord au sud, du levant au couchant, lui semblait pouvoir améliorer les conditions actuelles de l'espèce humaine. L'affreuse toux qui minait notre ami, sa voix profondément altérée, sa grande faiblesse, commandaient un silence, un repos absolu. La personne la plus indifférente se serait fait un scrupule de l'exciter à prononcer dix paroles ; et cependant, dès que M. Bredin eut commencé à décliner une discussion minutieuse, difficile, sur des changements projetés dans le second volume de *l'Essai sur la philosophie et la classification des sciences*, Ampère s'emporta avec une extrême violence. « Ma santé ! ma santé ! s'écria-t-il, il s'agit bien de ma santé ! Il ne doit être question ici et entre nous que de vérités éternelles. » À ces exclamations succédèrent de profonds développements sur les liens délicats, subtils, imperceptibles au commun des hommes, qui unissent les diverses sciences. Bientôt après, franchissant le cadre que M. Bredin avait fini par lui concéder, Ampère, saisi d'un mouvement d'enthousiasme, évoqua à son tribunal, pendant plus d'une heure, les personnages de l'antiquité et de notre époque qui ont influé d'une manière utile ou fâcheuse sur le sort de leurs semblables. Ce violent effort l'épuisa. Le mal s'accrut pendant le reste du voyage. En arrivant à Marseille, cette ville qu'il aimait tant, qui une première fois l'avait vu renaître à la vie, qui avait comblé son fils de prévenances affectueuses, Ampère était dans un état presque désespéré. Les soins tendres et respectueux de tous les fonctionnaires du collége, ceux d'un savant médecin, amenèrent une légère amélioration. L'âge peu avancé de notre ami était aussi un sujet d'espérance. On ne songeait pas qu'Ampère aurait pu dire, comme le peintre hollandais van Orbeeck, comptez double, Messieurs, comptez double, car j'ai vécu jour et nuit !

Notre confrère ne partagea lui-même aucune des illusions de l'amitié. En quittant Paris il regardait sa mort comme prochaine. J'en trouve la preuve dans une lettre qu'on m'a communiquée depuis peu, et dans cette réponse aux exhortations pressantes de l'aumônier du collége de Marseille : « Merci, monsieur l'abbé, merci ; avant de me mettre en route j'avais rempli tous mes devoirs de chrétien. » La résignation d'Ampère à ses derniers moments, étonna tous ceux qui connaissaient son caractère ardent, sa vive imagination, son cœur chaud. Jamais on ne se fût attendu à trouver en lui le calme de cet ancien philosophe qui, au lit de mort, repoussnit toute distraction, afin, disait-il, de mieux observer ce qui se passerait au moment précis où l'âme abandonnerait le corps. Peu d'instants avant que notre confrère perdit entièrement connaissance, M. Deschamps, proviseur du collège de Marseille, ayant commencé a demi-voix la lecture de quelques passages de l'*Imitetion*, Ampère l'avertit qu'il savait le livre par cœur. Ce furent, je crois, ses dernières paroles. Une fièvre aiguë s'était jointe tout à coup à l'affection chronique de poitrine la plus grave. Le 10 juin 1836, à cinq heures du matin, notre illustre confrère, succombant sous les coups répétés de soixante années de douleurs physiques et morales, « acheva de mourir, suivant la belle expression de Buffon, plutôt qu'il ne finit de vivre ! »

Le jour même, le télégraphe de Marseille transmit la triste nouvelle à Paris. Elle y excita, vous vous en souvenez, une douleur profonde et universelle. Qu'on ne s'y trompe point : l'instrument aérien aux communications rapides ne sortit pas, en cette circonstance, de son rôle officiel pour passer dans le domaine des choses privées : la mort d'Ampère était un malheur public !